社会主义核心价值体系建设
"双百"出版工程
项 目

/100位
新中国成立以来感动中国人物/

王　杰

韩义祥/著

★

吉林文史出版社

前　言

　　每个人的心中都多少有一点英雄情结，都向往英雄、景仰英雄。也正因此，在中华人民共和国建国六十周年之际，由中央十一部委联合组织开展的"100位为新中国成立作出突出贡献的英雄模范人物和100位新中国成立以来感动中国人物"的评选活动中，群众参与投票总数近一亿。这其中的每一张选票，都表达了人们对英雄模范的崇敬之情，寄托着对伟大祖国的美好祝福。

　　一个民族不能没有英雄，否则这个民族就不会强大。当国家危难之时，懦弱者选择了逃避、妥协甚至投降，英雄们却挺身而出，用热血捍卫民族的尊严，人民的幸福。在创立和建设新中国的伟大历程中，涌现出无数可歌可泣的英雄模范人物。他们之中，有为了民族独立和人民解放而英勇牺牲的革命先烈，有为了党和人民的事业而不懈奋斗的优秀共产党员，有在全民族抗战中顽强奋战、为国捐躯的爱国将士，有英勇杀敌的战斗英雄和革命群众，有积极从事进步活动的著名民主爱国人士和国际友人……他们是民族的脊梁、祖国的骄傲，是激励全体人民团结奋斗的精神力量。

　　《100位新中国成立以来感动中国人物》丛书，就像一部星光璀璨的英雄谱，真实、完整地记录了英雄模范人物不平凡的一生，再现了他们非凡的人格魅力和精神世界。舍身堵枪眼的黄继光，拼命也要拿下大油田的王进喜，中国原子弹之父邓稼先，新时期领导干部的楷模孔繁森……一串串闪光的名字，一个个动人的故事，犹如群星闪烁，光耀中华。

　　当今中国正处于伟大变革的时代，迫切需要涌现出一大批勇于承担历史使命、为祖国和人民奉献一切的先进人物。在"双百"人物崇高精神的引领下，在建设社会主义现代化国家的征程中，必将英雄辈出。

生平简介

王杰（1942–1965），男，汉族，山东省金乡县人，1961年8月入伍，1962年2月加入共产主义青年团。生前系中国人民解放军坦克二师工兵营一连五班长。

王杰入伍后，认真学习马列主义和毛泽东思想，自觉接受党组织教育培养，处处以英雄人物为榜样，牢记全心全意为人民服务的宗旨，勇于吃苦，乐于奉献。入伍后年年被评为五好战士，两次荣立三等功。荣获模范共青团员和一级技术能手称号。

1965年7月14日，王杰在江苏邳县张楼组织民兵"绊发防步兵应用地雷"实爆，在炸药发生意外爆炸的紧急时刻，为了保护在场的12位民兵和人武干部，他临危不惧，毅然扑向炸点，壮烈牺牲。王杰用鲜血和生命实践了他1965年5月1日写的"我们要一不怕苦，二不怕死。做一个大无畏的人"的誓言。

1965年9月20日，根据他生前的表现和请求，中共坦克二师党委做出追认王杰为中国共产党党员的决定。10月30日后《解放军报》《人民日报》先后刊登"王杰日记摘抄"。11月解放军总政治部、全国总工会、共青团中央、全国妇联分别发出通知，要求广泛开展学习王杰活动。同月，周恩来、朱德、董必武、陆定一等老一辈革命家分别为王杰题词。1965年11月27日国防部命名王杰生前所在班为"王杰班"。全国掀起了向王杰同志学习的热潮。

王杰是董存瑞、黄继光式的英雄，是雷锋式的伟大共产主义战士。毛泽东、邓小平、江泽民、胡锦涛四代领导高度赞扬王杰"一不怕苦，二不怕死"的革命精神。"两不怕"精神已成为中华民族精神宝库的重要组成部分，将世代传承，永放光芒。

1942-1965

[WANGJIE]

◀王 杰

1969 年 4 月，毛泽东主席高度赞扬了王杰同志的革命精神，并指出：

我赞成这样的口号，叫做"一不怕苦，二不怕死"。

——毛泽东

1980 年，邓小平同志在中央工作会议上强调：

提倡和表彰
"一不怕苦，二不怕死"。

——邓小平

1992 年 1 月，江泽民同志亲临王杰生前所在连视察，称赞"王杰是一面旗帜"，并亲笔题词：

**弘扬"两不怕"精神，
培育"四有"革命军人。**

——江泽民

2005 年，在王杰牺牲 40 周年之际，胡锦涛总书记做出批示：

继续大力倡导"一不怕苦，二不怕死"的精神。

——胡锦涛

虚心高山算入空，
我们把工为人民。
不怕工作苦和累，
愿把青春献人民。

录王杰诗
周恩来 一九六七一二七

△ 周恩来同志题词

周恩来　时为中共中央副主席,中央政治局常委,中共中央军委副主席,中华人民共和国总理

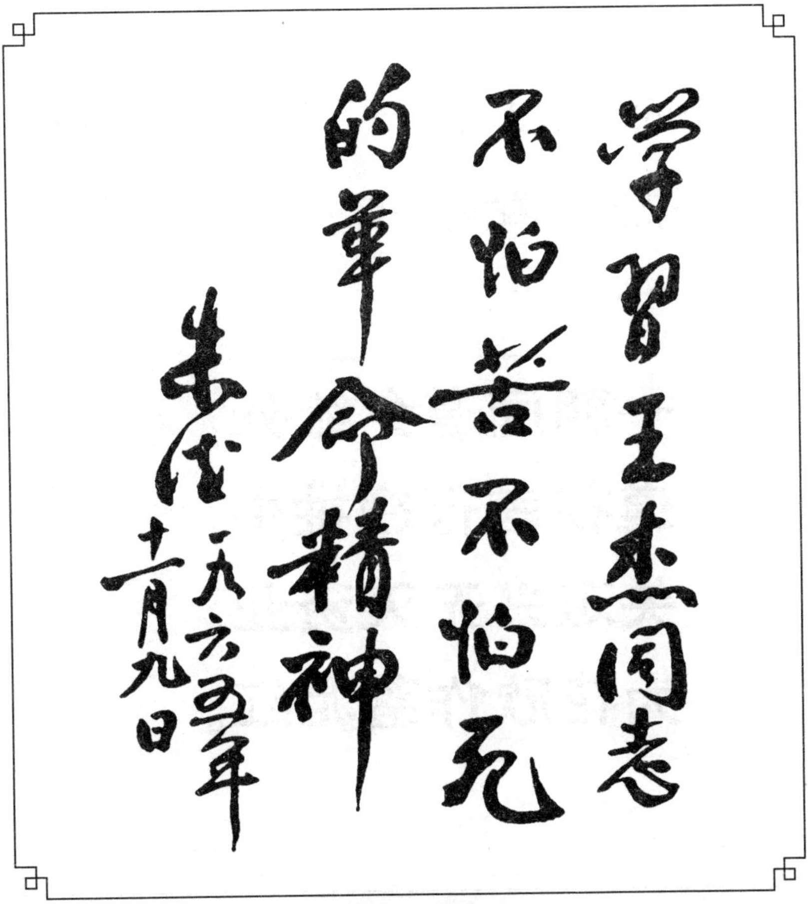

学习王杰同志
不怕苦不怕死
的革命精神

朱德 一九六四年十月九日

△ 朱德同志题词

朱　德　时为中共中央副主席,中央政治局常委,中共中央军委副主席,元帅,全国人大常务委员会委员长

1965 年 12 月 3 日，叶剑英元帅为纪念王杰同志赋诗一首：

　一朝闻道夕能死，
　道在言行领袖中。
　矢志兴无灭资业，
　为花欣作落泥红。

叶剑英　时为中共中央军委副主席，元帅

讀王杰同志日記

共向雷鋒學習君領會
多。一心為革命三載
保垒訊死義泰山重書
香貝葉遍利人靡頂
踵，示範耿星河。

一九六五年十一月
董必武

董必武　时为中共中央政治局委员，中华人民共和国副主席继雷锋同志后，又出现了王杰同志这样的模范人物。这是人民解放军的骄傲，是中国青年一代的骄傲，也是全国人民的骄傲。

学习王杰同志为革命不怕苦不怕死的精神，做好每个岗位上的工作，准备经历更大的考验，粉碎美帝国主义的侵略！

陆定一
一九六五年十一月

陆定一　时为中共中央政治局候补委员，书记处书记，宣传部部长学习王杰同志为人民利益而死的高贵品质，做毛主席的好战士。

许光达

许光达　时为中华人民共和国国防部副部长，中国人民解放军装甲兵司令员，大将

目录 MULU

足　迹（代序）

　　翻开王杰日记，首页是王杰贴的一张毛主席浮雕头像。在第二页上，一张黄继光的半身雕塑像端正地贴在上面，下面王杰写道："啊！黄继光站起来了！……向着仍在喷射着火舌的敌人的火力发射点猛扑上去……"看到这里，人们自然想到王杰舍己救人英勇牺牲的一刹那。这时心中自然地升起两个高大的英雄形象：黄继光、王杰。

　　日记里剪贴着雷锋的照片，还把毛主席"向雷锋同志学习"的题词临摹下来。看到这里，人们也自然地联想到王杰那些闪闪发光的事迹。这时心中又自然地升起两个伟大战士的形象：雷锋、王杰。

　　往日记本上剪贴英雄像，在日记本上摘录英雄的豪言壮语，是王杰的军旅生活中不可缺少的一部分。在他的日记里，8处提到黄继光，6处提到董存瑞，33处提到雷锋。他提到过方志敏、王若飞、刘胡兰、邱少云、向秀丽、欧阳海等革命先烈。王杰就是以他们为榜样，踏着英模的足迹成长起来的伟大的共产主义战士。

　　1965年7月14日，王杰在江苏省邳县张楼公社（今邳州市张楼乡）帮助民兵地雷班进行绊发防步兵应用地雷实爆训练时，炸药包突发意外，在即将爆炸的危急关头，他毅然用身体扑向了炸点……

英 雄 黄 继 光

△ 王杰日记第2页贴的黄继光像及王杰手书

一声震天撼地的巨响，一个年轻的生命永远定格在了23岁，而在场的十二名民兵和人武干部得救了。鲜血染红了周围的土地。英雄实现了自己的豪迈誓言："我们要一不怕苦，二不怕死。做一个大无畏的人。"

王杰的两不怕精神激励着一代又一代人，对弘扬见义勇为、激发整个民族的建设热情起到了不可估量的作用并产生深远影响。王杰为人民献出了自己的青春，共和国的历史将永远铭记！

△ 王杰日记第3页、第4页临摹毛泽东主席的题词"向雷锋同志学习"

齐鲁少年

一位解放军战士在生死关头，不顾个人安危，为保护他人，而献出了自己的生命，这就是王杰，这就是"一不怕苦，二不怕死"的王杰精神。

王杰在炸药即将爆炸的时刻，不顾一切，毅然扑了上去，用生命诠释了一名解放军战士在生死关头舍己救人、舍生取义精神。从这个意义上讲，王杰精神正是中华民族传统美德的体现和升华，是中华民族传统美德与时代精神的完美结合。

王杰精神源于传统的革命教育和熏陶。王杰入伍前就读的金乡中学，前身是创建于1940年的湖西抗日中学。1942年夏，第一批毕业学员三十人全部参加抗日部队。抗日战争与解放战争期间，学校随军转移，隐蔽教学。学生参加土改、复查、发动群众送公粮，羊山战役中还参加支前，抬担架。在这所革命的红校中，王杰的世界观和价值观发生了质的飞跃。他每年都参加学校组织的到羊山革命烈士陵园祭扫烈士墓，敬仰羊山陵园的八千英烈的英雄行为，他对照英烈找差距。在读《延安作风万岁》的感想中他写道："我生长在幸福的新社会，我一定以实际行动努力学习，珍惜无数革命先烈用生命换来的幸福生活。"

王杰精神源于传统道德的熏陶。范仲淹"先天下之忧而忧，后天下之乐而乐"的道德境界，造就了无数令人仰慕的民族英雄；诸葛亮"鞠躬尽瘁，死而后已"的道德追求，形成了以人为本，以国家和人民利益为重的爱国主义精神；在学校教育和社会生活实践中形成了尊敬师长、诚实守信、严于律己、勤俭节约的传统美德。王杰从小接受传统道德教育，他帮助群众做好事，为同学排忧解难。学校评给他四元助学金，他只要两元，他的这种品德，给人们留下深深的回忆。

→ 童　年

★★★★★

　　王杰，原名王尊明，乳名芳。1942 年出生在微山湖西面一片广袤的平原上一个叫金乡的地方。虽叫金乡，但并不产金，倒是地表水流向微山湖的过程中产生了大量的盐碱地。收成少，群众生活困难，而土改时王杰祖父母健在，王杰父亲和伯父、叔父还未分家，第三代子女又多，因为生活困难，王杰的父亲王儒堂、母亲张苏颖不得不在 1958 年迁到内蒙古阿荣旗那吉屯安家谋生，后来，其父当上农场工人。从此，王杰在金乡与伯父王廉堂生活在一起。

　　伯父是小学教师，王杰从小受到良好的家庭与社会教育，上小学不久他就被送到城里的城关完小读书，这在当时是十分少见的。童年时的王杰学习努力，尤其喜欢听革命英雄故事，据王杰小学老师刘守庚回忆：晚饭后在操场或宿舍，王杰和几位同学围在刘老师身边听他讲黄继光、董存瑞等英雄人物的故事及三国演义等历史故事，王杰的原班主任李继高回忆："在一个雨天，王杰看到抬饭的同学非常吃力，便主动将这位同学替换下来，踏着泥水将饭桶抬到自己教室门口，像这样的好事他不知做了多少。"正是这种潜移默化的教育，璞玉含润孕育着王杰善良的童心与真诚。

　　现在，乡亲们只要一提起王杰，总是念念不忘发生在家乡的那些故事。

小"包公"

1955年12月初冬的一天，天气异常寒冷，由于连日雨水不断，华堽村的街道上、地上结了厚厚的冰层，人在上面走摇摇晃晃如同扭秧歌，稍不注意就会摔得仰面朝天。

在放学回家的途中，急忙赶路的王杰发现村东头一家房顶浓烟滚滚，时时发出"乒乓"的响声，原来这家失火了，是屋里的东西在燃烧时发出的声音，王杰急得快要哭出来，他快速跑到院子里，扔下书包，一边跑一边喊："快救火啊！"他捧起脸盆，一趟趟从水坑边端水救火，一次次摔倒，一次次爬起。烟熏火燎把王杰弄得灰头灰脸，全身上下都是水。大家你一盆我一桶，不到半小时火就扑灭了，直到这时街坊邻居才发现，王杰的脸在救火中被枣树刮破流出了血，脸上红一道、黑一道，邻居笑着说："小芳，你不用化装，就可以当'包公'了。"

这就是年仅13岁的王杰。

乡仇家恨

互助组成立时，村里搞忆苦思甜活动，当本村村民王尊章谈起旧社会全家遭遇国民党反动派伤害时，王杰十分悲愤地问："俺嫂子咋死的？"王尊章说：1947年国民党兵打过来，男人们都跑了，女的跑不了，让国民党给糟蹋死的，我的手也是逃跑时让炸子给崩断的。炸子把石头崩了，砸断了手，脸也伤了。王杰又问："还有谁？"王尊章说："还有你爷爷，他在高粱地里看庄稼；那些兵搜不到粮食，拿枪把你爷爷的腰打伤了，你伯父家的房子也是那一回烧的。"王杰眼含泪水，低下头好久都没吱声。

拾金不昧

1954年秋，王杰和同学辛庆文在城内中心街玩耍时，捡到一信封，上面写着曲艺协会张××收。拆开后发现里面有粮票26斤、钱30元，王杰说："咱交给学校让老师找失主，万一失主找不到这些东西，他们会挨饿的。"事后，学校表扬了他俩，并每人奖一支铅笔。县里在展览馆里还专门宣传了

△ 王杰的出生地

△ 王杰就读过的小学金乡县城关完小

他俩拾金不昧的事迹。

给周爷爷赔不是

王杰在生产队里当过一段记工员，王杰的四爷周普文锄地锄掉了一些豆苗，大家在议论时都说要扣工分，王杰给四爷记了八分，四爷很生气。王杰把四爷请到一边，耐心地说："四爷，您别生气，我不该当着大伙扣您工分。您老干活是一把好手。你想想看，记工分，队里有规定。今天扣了

△ 王杰的父亲王儒堂、母亲张苏颖

您老两分，以后大伙一定会说：'周爷爷那么大岁数都扣了分，干活谁还敢疏忽，说到底这还不是为了大伙多打粮食……'"四爷终于被王杰诚挚的态度说服。

爹交的爱国粮不合格

有一年，队里让学生参加验收爱国粮。王杰检查到一袋麦子不合格，一问是他自家的。原来王杰的父亲在装车时一不小心掉出一些麦子，就捧了进去，有些土，他父亲说下面都是很干净的。王杰帮着父亲把上面的倒出一些，下面果然都是很干净的，就让父亲把不干净的簸了再装回去。这件事受到大家赞扬。

小芳从小有"虎胆"

1957 年夏秋之交，鲁西南久雨成灾。放学回家的王杰看到集体的仓库被积水包围，立即报告保管员。保管员决定连夜将仓库转移。王杰自告奋勇，在搬仓的社员到来之前，仓库门口由他守护，保证不进一滴水。在此后的两个多小时里，王杰冒雨搬砖，在仓库门口打起拦水坝，直到群众赶来，他又加入了搬仓行列，社长夸他是"扛大梁的小社员"。此后不久，他们住的华堌村被淹，在转移途中，王杰发现一匹马还没牵出来，他不顾自己不会游泳的危险，毅然只身返回村子，从将要倒塌的马棚里解下马缰，把马牵到安全地带。

雨越下越大，村里平地积水越来越深，为了临时避难，不少老弱病残、儿童妇女先后"逃"到河沿，大家认为这里是"安全港"。谁料，多日的暴雨，使水位越来越高，没风，水面不起浪，河岸上还能维持一部分作为临时避难的家园，一旦涌起水浪，冲击着河岸，岸上的人十分危险，老人、孩子吓得哇哇直叫。

15岁的王杰看在眼里急在心上。他和父亲用最简易原始的办法，用木料竹子扎了个木筏，一趟可以载人四至五个，按照一户一户的顺序，将被困的乡亲们运到安全地带。在运载中，木筏如同脱缰的野马，随着波浪起伏，时上时下，忽左忽右，飘飘荡荡，稍不注意人就会落入水中，十分危险。

△ 王杰的伯父母家。本图右上角分别为王杰的伯父王廉堂、伯母杨玉芹

王杰力气不足,很难承付这样的局面。王杰的父亲点子多有办法,他用绳子拴着自己的手腕,另一头拴着王杰的衣服,一旦遇到危险,可作临时救护,人不会被水冲走,遇到木筏搁浅,王杰跳下水,拼尽全力将木筏推到岸边。王杰父子俩的行动感动了村民,他们纷纷扎起了木筏,不到半天的时间,村民就搬到了安全地。事后,王杰的本家王尊章这样称赞王杰:小芳从小就有一颗"虎胆"。

这种评价使我们想起了 1963 年 8 月在保卫天津的抗洪救灾中,工兵一连深夜抢救木料,21 岁的王杰水中探路的英雄故事。他所表现出来的精神和 15 岁的王杰雨中撑筏救人所表现出"初生牛犊不怕虎"的精神,一脉相承。

→ 中学时代的王杰

★★★★★

王杰 1958 年 9 月考入金乡县第一中学,被分配在初中部十二级五班学习。在校期间,他勤奋好学,成绩优良,严于律己,遵章守纪,尊敬老师,与同学和睦相处,积极参加劳动和其他公益活动,是一位品学兼优的好学生。

在羊山烈士陵园扫墓

每年清明节期间,金乡都有超过万人到羊山烈士陵园扫墓。王杰考入金乡中学第一学期就参加了学校的悼念先烈活动。他在这里听到了不少解放军和当地民兵的英雄故事，其中家住本县石佛集的英雄曾广华的事迹深深感动了他，他不光自己在学习和生活中时时处处以曾广华为榜样，还常常向新同学讲述："1947年国民党军队进驻金乡，抓到了12岁的儿童团长曾广华，拷问他地下党人员姓名，粮食埋在哪里，没得到一个字回答，国民党兵就用刺刀撬他的嘴，先后剁下他十个指头。小英雄坚贞不屈，最后被敌人用刺刀捅死。"

曾广华大无畏的牺牲精神深深地教育了王杰，他饱含热泪激动地向同学们说：曾广华精神不死，他生的伟大，死的光荣，是我们学习的楷模。

王杰赋诗

开学不久，学校响应政府号召，到城关镇郭七楼（现高河乡）支援三秋工作。学校分配十二级五班拉耙。该班组成四个小组，两个小组一把耙。即两班轮换，休息时间采集猪草。由于拉耙分组人数不一样多，王杰时常坚持干两班，从未说过苦累，为全班作出了榜样。王杰是农村的孩子，能吃苦，是干活的一把好手，他拔的猪草数量多，质量好，获得流动红旗的表彰，为此，王杰赋诗一首：

> 莱河以东东沟西，土地沃肥青草绿。
> 十二五班齐动手，堆堆猪草如山积。

半个多世纪过去了，王杰赋诗的故事，同学们至今记忆犹新。

雨中搭庵

在郭七楼支援三秋工作期间，同学们都住在搭的庵子里。十二级五班系女生班，只有王杰、张平等四名男同学。四名男同学和老师住在郭七楼的水坑涯，女同学住的庵子在水坑涯西北角约500米的地方。一天夜里同学们已入睡，突然刮起大风，不一会儿下起了小雨。早已沉睡在梦中的王杰听到响声后，翻身起床，叫醒了身边的张平（现名张振环）同学说："刮大风啦，下雨啦，咱们到女同学那里去看看吧，她们住在庄外，庵子很容易刮坏，我们去帮她们固定一下。"王杰即刻与其他同学和老师一起跑到女同学住的庵子那边去了。到了之后一看，女同学乱成一团，不知该怎么办，大喊："庵子刮坏了，漏雨了。"在老师的统一指挥下，全班同学立即投入到维护庵子的紧张工作之中。王杰首先爬上庵子顶将绳子系上、拴牢，很快维护好第一个庵子，接着第二个、第三个……直到全部拴好系牢，稳定了同学的情绪，使女同学很受感动。王杰和老师都淋得像落汤鸡，直到深夜一点，他们才拖着疲惫的身躯回到自己的住处休息。

"承包"

学校为方便学生生活的需要，为每个班配备木质大桶一个，铁菜桶一个，木质馍箱一个。木质大桶盛上开水或汤重70多斤。王杰所在的班离伙房有一里多远。当时学校条件也不太好，全部是土路，遇刮风下雨，道路泥泞。同学们一日三餐，每天往返三千多米抬饭，这对男同学来讲还算不了什么，可对年幼的女同学来说就成了问题。王杰所在班女生48人，男生4人，正当班主任、班委会对此事为难时，王杰等4人主动提出了承包全班抬饭的任务。王杰说："我们男同学比女同学力气大，下雨我们也方便，鞋一脱就行了。"于是班主任、班委会同意了他们的请求。通过一段时间，实践证明了王杰等同学这个任务完成得很好，赢得了全班同学的赞扬。临近的兄弟班级同学问王杰："怎么每天都是你们几个值日生？"王杰笑着说："女同学抬不动，下雨了，她们赤着脚抬饭，我们男同学多没面子。"

……王杰"承包"抬饭直到一年后才结束。

王杰作文

读《延安作风万岁》的感想

读了《延安作风万岁》一文后，我的心是那样的不平静，我们的老前辈高尚的品质，以及乐观主义的精神，艰苦朴素的作风，深深地感动了我，其中对我教育最大的是毛主席和革命老前辈的坚定正确的政治方向，艰苦朴素的工作作风，灵活机动的战略战术和团结、紧张、严肃、活泼的抗大作风。

革命老前辈和敬爱的毛主席的这种艰苦朴素、不怕困难忘我的革命精神，永远值得我学习的。而且只有具有了这种精神，才算一个真正革命青年，然而我却不是这样，回忆我两年来的生活，真使我万分惭愧。

我爸爸在农场当工人，每月都拿一定工资，有吃有穿，可是我还是不满足，看到别人穿好衣服，吃零食，买东西，自己也就经常花零钱，上街就乱买一气，没有钱再向家要。家中不给就抱怨家庭，可是我没有想到这样的生活是革命老前辈抛头颅、洒热血换来的。远在抗日战争时期，我们的领袖毛主席在延安领导革命是那样的艰苦，几乎没有衣穿，发一件衣服冬天是棉衣，夏天当单衣，秋天当夹衣，战士没鞋袜，没有被盖，困难算是大极啦。我读到这里深受感动。以前认为生活苦的思想真是肮脏极了，今后一定养成艰苦朴素的品质。

在极其艰苦的情况下延安的青年们个个精神抖擞，工作、学习、生活都很努力，从不松懈。在学习上他们的精神更是值得我们学习。那时不仅没有现代化的科学仪器设备，也没有宽敞明亮的教室，学习条件更艰苦，上课吃饭都在场上，双膝当课桌，黑烟糊在壁上当黑板。平地留个土堆当讲台，同学们没纸就在地上练习写。住窑洞，睡土坑，吃的是小米棒子面，没油没菜，生活是多么艰苦。

现在，我们住在宽敞明亮的瓦房里，环境优越，风景美丽，学习有课桌、凳子，有现代化的教学仪器。教室、宿舍有电

△ 1958年，王杰考入金乡一中初中部，图为金乡一中旧影

△ 王杰(前左二)读初中时与同学们的合影

灯。用的是钢笔和笔记本。宿舍又宽大又清洁。吃的是杂粮和细粮，油、菜都充足，逢年过节都要改善生活。在学习上，老师抓得很紧，教得好，备课仔细。同学之间团结友爱，互相帮助，生活该是多么幸福呀，照理应该好好读书，积极工作，把学习搞好，然而我却不是这样，对学习马虎潦草，上课有时不专心听讲。

《延安作风万岁》这篇文章读后，使我受了很大震动，犹如警钟震耳，像大梦初醒，今天的幸福生活都是革命的先烈用鲜血换来的，我对不起革命领袖毛主席，对不起革命老前辈，我对不起党。想到这里我的热泪簌簌地掉下来，不知道什么时候，我擦干眼泪，又捧起这篇文章一句一句地读了两三遍。使我更深刻地认识到：我生长在新社会，我一定以实际行动努力学习，珍惜无数革命先烈用生命换来的幸福生活。我下定决心，今后一定要发奋图强，勤学好问，学习和发扬延安作风，做一个真正的革命青年。成为一个又红又专的劳动者，为共产主义事业献出自己的光和热。

革命大熔炉

➔ 人一生以服从祖国需要为最快乐

★★★★★

1961年8月8日，金乡县长达四里多的东西大街上锣鼓喧天，彩旗飘扬，唢呐和阵阵的鞭炮声响彻大街小巷。成千的父老乡亲，怀着殷切的期望，怀着家乡人民的深情厚谊，热情欢送自己的子弟和亲人，走上保卫祖国最光荣的岗位。

应征入伍的青年们，他们大多是金乡县应届初高中毕业生、企事业单位的职工，他们一个个怀着满腔的激情，高唱军歌，欢欣鼓舞地穿过欢送的人群。走在队伍最前列的，是一个纯朴端庄的青年，他就是王杰。他穿上崭新的军装，不禁兴奋得浑身火热。老师们的嘱咐，亲友们的叮咛，同学们羡慕的目光，汇成一股巨大的力量激励着他，振奋着他。他的歌声更响了，两臂摆动得格外有力。

王杰是在红旗下长大成人的。戴红领巾的时候，他就在羊山烈士陵园听过革命先烈的英雄故事，从小就热爱英雄战士董存瑞、黄继光；在中学时代，他更羡慕和向往沸腾的部队生活。当一个战士的美好理想，在他心中早就播下了种，扎下了根，他在7月14日的

△ 1961年8月1日金乡一中欢送同学入伍合影留念。第四排左四为王杰，左二为作者

日记中写道："人一生以服从祖国需要为最快乐，服兵役是第一志愿。"7月上旬，王杰参加完升高中考试，和金乡一中40多名同学报名参军，美好的理想实现了，但是肩上的担子重了。他没有忘记在欢送会上金乡一中校领导赠送的警语"剑胆琴心"，他立志努力学习杀敌本领，像利剑一样勇往直前，永不退却，对待同志像琴般的柔情温暖。

千锤百炼

新兵连集训结束后，王杰被分配到工兵一连六班当战士。随即，到海岛参加国防施工。9 月，是海岛上多雨的季节，成天雨雾蒙蒙，难得有个晴天。那时候，我们国家连续三年遭受严重灾害，海岛上的生活更加艰苦一些。不少新战士吃不惯豌豆面的窝窝头，说是吃多了烧心；住不惯又窄又湿的渔家房，说是简直把人都挤扁了。小岛上没有马路，更没有电影院，就连用水都有严格的限制。而且，每天十多个小时紧张的坑道作业，对于知识青年来说，这更是一道难过的关口。

一天、两天、三天……有些人手上打了泡，思想上也打了疙瘩："当工兵真苦呀，念了八九年书，竟来抡大锤，真是大材小用！"

王杰腰酸臂疼，又患腹泻，他咬着牙坚持着。一下了工，就一头倒在地铺上，一动也不想动了。再看看老同志们，他们白天抽空给渔民打柴，抬石头砌墙，给新同志洗衣服；晚上，围住一盏煤油灯，聚精会神读毛主席著作。王杰心里的疑惑解不开：都是同样的人，他们哪来那么旺盛的精力呢？一个星期过去了，王杰的情绪开始低落下来，心想："当工兵就是苦啊！"指导员冯安国赶紧走了过来，问道："怎么啦，被困难吓倒啦！有时间多看看《愚公移山》。"

王杰从《愚公移山》中吸取了力量，他带着满脸汗水，举着十二磅的大锤，一上一下打个不停。正在扶钎的杨洪江在一旁嚷道："换换！""不！再打几锤。"王杰怎么也不换。休息时，王杰到这个组看看，到那个组转转，他看得那么仔细，仿佛要把每一锤都记在心上。又休息了，他见钎子已深深地扎进了石头，就干脆一个人打，打一锤就转一下钎子，自己苦练起来。

一个多月过去了，王杰和杨洪江这个小组完成每日指标了。但是水涨船高，还是落在其他组后面。王杰拼命地赶，手练肿了，仍然坚持，连绵不断的毛毛细雨伴随着海风向山上袭来，特别冷。每打一锤，水眼里的石浆就喷到脸上和手上。王杰手背上出现一道道裂痕。他咬着牙，坚持干，速度终于赶上了。王杰的手背、膀子肿得厉害，攥不起拳，伸不直指头，他不得不用左手吃饭。有一次，王杰钻孔小组刚刚掘进30多厘米，忽然听到坑道顶部有哗哗的泥土声（因为施工正值雨季，坑道不时从顶部流下细水线，往往被人们忽视），负责现场施工的连长刘德林马上意识到这是塌方的前兆，他大喊一声"闪开"。只见他猛地推开人群，用身子紧紧护着王杰等两名刚入伍的新战士。"轰"的一声巨响，坑道塌方了，倾天而降的石块大的有一方多，足足十多方。乱石死死堆在坑道内，巨大的气浪冲击波，喷在连长身上如同泥人。战士们都惊呆了，王杰拉起趴在地上的连长，激动地说："连长，多亏你救了我们！"他在班务会上表示："我一定要向连长学习，做一个英雄工兵。"首长的榜样，英雄的力量，深深教育了入伍仅三个月的新兵王杰。

由于他虚心向老工兵学习，打锤技术日渐提高，他由打底炮（炮眼）逐渐学会打顶炮、拱炮，日掘进指标由原来每小时7厘米提高到12厘米，他和杨洪江掘进小组，一跃成为连队的红旗组，王杰被评为连队打锤标兵。

→ 寒夜架桥

工兵一连的新战士，人人带着一双结满茧子的手和那被海风吹得黑黝黝的面孔，从岛上回到驻地。他们卸下了行装不久，便到了 1962 年元旦。

新年一过，连里立即召开了冬季训练动员会。连长刘德林结合当前国内外形势，特别强调训练要"从难、从严、从实战需要出发"，指出野外作业和夜间训练的重要意义。要发扬我工兵连在朝鲜战场不怕吃苦、不怕牺牲的英勇作风……

工兵一连，白天进行了架桥练习，到了深更半夜，天刮起了北风，风卷雨，雨夹雪。听到外面的风雨声，刘德林连长便急忙爬起来，因为按计划，今夜还是架桥演习。天气越坏，越要练夜战，这是工兵一连的老传统了。

今晚的架桥演习以排为单位进行，王杰所在的二排担任架桥。排长先派人乘橡皮舟测量河的宽度、深度、流速和水下土壤的性质。战士们在他们测量的器材上，早就做上了各种记号，只要用手一摸，便可以知道数码，这是专为夜里进行训练时准备的。所以测量工作虽在夜里进行，完成得也很快。随后，排长立刻命令各班派出两名身强力壮的战士打桥桩，其他的人在岸上整理器材。

王杰的身材不高，力气也不大，打桥桩是轮不到他的。还未等班长分配，王杰就抢先报名："班长，我是个新战士，你就让我下去锻炼锻炼吧。"说着，他脱下棉衣，扑通一声跳到齐腰深的水里，只听得咔嚓咔嚓的声音，原来水面上结着一层薄冰，被他撞碎了。

其他五个战士，扛着木桩、筑头，都跟着王杰下水了。

接着他们由两个人掌桩，王杰和其他三个人抓住筑头的把手，一齐举起，重重落下，像打夯那样，一下一下砸在桥桩上。北风卷着雨雪，一阵紧似一阵打在脸上，不时顺着领子往下灌。冰冷的河水更是寒透肌骨。大家不住地打寒噤，泡在水里的两条腿也颤抖起来，但没有一个人说话，没有一个人叫苦喊冷，只有筑头砸在桥桩上的咚咚声冲散了风雪，打破了寒夜的寂静。

往常，战士们一面打夯，一面喊着号子，可是今晚是在执行"紧急任务"，既要快速进行，又要避免暴露，尽量不能弄出声音来。

北风吹得更紧了。水中的同志冻得直打哆嗦。王杰打着夯，慢慢觉出大家的腿抖得越来越厉害，筑头举得不那么高了，臂力在逐渐减弱。这些都说明大家实在冻得难熬了。王杰挺了挺身子，说道："同志们，想想罗盛教，我们就不冷了。"他在鼓励着大家，也在鼓励自己。一句话，仿佛送来了一团火，驱走了寒冷；一句话，把人们带进了冰天雪地的朝鲜，大家想象着从冰窟窿里抢救朝鲜少年的罗盛教，不觉忘了冷，浑身来了劲，一口气把两根桥桩打进了水里。

现在第一组的六个人该上岸休息，轮到第二组设置另

△ 1962年度王杰记三等功奖状

外两根桥桩了。王杰站在水里等待着，他要再干一班，把四根桥桩设置好了再去休息。

班长在一旁喊他上岸，他却说："我已经在水里了，你就让我干完吧！"

当他和同志们把最后一根桥桩安设好，正要拔腿上岸时，王杰的腿却怎么也拔不出来了。原来他在水里站久了，两腿早已冻麻，不听使唤了。还是同志们拉着他，才摇摇晃晃地上了岸。

班长望着冻得嘴唇发紫的王杰，又是心疼又是惊喜：心疼的是他在冰水里干了两班，一定又冷又累；惊的是他平日不爱多言多语，今晚却能用罗盛教的精神鼓舞大家；喜的是他入伍不到半年，就能主动挑最苦最累的活干。

王杰用拳头捶了捶腿，不待坐定，又跑去帮其他同志设置桥桁，搬运桥板，直到把这座低水桥全部架好。

由于王杰在冬训及其他工作中表现突出，在同期入伍的战友中，他第一个光荣地加入了共青团，晋升上等兵军衔，年终被评为五好战士，荣立三等功。

→ 要不得的"第一"

★★★★★

1963年2月的一天清晨，一阵急促的紧急集合哨音，唤醒了熟睡的战士。王杰全副武装，像一阵疾风似的第一个到达集合场。干部挨个检查战士们的装备，数王杰的背包打得最好。讲评时，连首长在队前表扬了他。不知什么缘故，王杰的脸刷地红了起来。是王杰害羞吗？不是的。这里面还有一段故事哩！

头一天下午，连首长到班里来检查战备物资。王杰是个"机灵"人，一看情势，估计夜晚要搞紧急集合。心想："咱可不能落后，得争个第一。"晚上，他朦朦胧胧地躺在床上，怎么也睡不香，天快亮了，他再也不想睡了。便悄悄地爬起来，打好背包，把水壶、挎包、枪支、弹药通通放在一起，坐等紧急集合……

　　王杰受了表扬，可比受批评还要难过，心里像压上了一块石头，沉甸甸的。是啊！一个革命战士，像王杰这样的战士，哪怕是偶尔做错了一件事，思想上也是不会平静的。后来，他主动找到排长赵书彦认错，惭愧地说："排长，我做了一件丢人的事。"排长问道："什么事?"王杰就原原本本地把情况说给了排长听，要求排长批评他。排长既严格又亲切地说："你能够认识自己的缺点，是非常好的。今后办事要老老实实，不能有半点虚假，往后可得注意啊!"王杰说："排长，你放心吧，今后我对星星点点的缺点也不放松。"回到班里，他在日记本上写道："要不得的'第一'。……今后我一定正确对待荣誉问题，做一个无名英雄。"

　　从此，王杰处处按实战标准要求自己。可是，班里还有个别同志好打听消息，好摸领导的"底"，平时不注意整理战备物资，一到星期六就忙了起来，王杰就跟他们讲清打起仗来敌人不会事先通知，革命战士思想上要有"一杆枪"的道理。大家都觉得他说得对，就不再搞什么"小情报"了。

➡ 水中探路

★★★★☆

　　1963 年 8 月 25 日，工兵一连奉命来到天津市静海县陈官屯执行抗洪抢险任务。一天夜里，同志们结束了一场堵塞决口的战斗，刚刚进入梦乡，又被一阵紧急集合的哨声惊醒了。上级来了命令：十九号涵洞要决口了！木料，木料，此时，多么需要木料啊！经过一天紧张筑堤的工兵一连，回到驻地，又接受了去木料场运木料的任务。全连立时分乘三辆汽车，在运河大堤上向前飞驰。

王杰站在车厢的一边，心中不住地翻腾。他似乎听到了十九号涵洞洪水的咆哮，又似乎看到了因一个涵洞决口而给数万群众带来损失的情景。他心里着急，只嫌汽车跑得慢，恨不得一步跨到木料场。

汽车停住了。王杰首先跳下车去，瞪大两眼，只见一片汪洋，不见木料场的踪影。

"木料场在哪儿？"他急切地叫出声来。

"在那里。"带队的副连长用手一指说。

顺着副连长手指的方向看去，有一片黑影影。原来，木料场也被水淹了。

"同志们！要想迅速地运回木料，现在必须有人先在前面探出一条路来。"副连长的话音刚落，全连同志争先恐后要求担任这个任务。

"我去！"

"我去！"

"……"

"副连长！我去！"他就是在连部临时当通讯员的王杰，带队的副连长，看他决心那么大，就答应了他的请求。王杰说完，扭头就向水边跑去，全连同志跟着蜂拥而上。

副连长紧跑几步，喊道："王杰，你的水性……"

"副连长，你放心。"

"扑通！"王杰第一个跳下水，后面的同志也都扑通扑通地跳进水里。

风，越刮越大；浪，越鼓越高。战士们迎着风浪，奋勇前进。王杰没走几步，"哗——"一个浪峰向他劈头盖脸地压了过来。"好家伙，给我下马威啦，尽管来吧！"他用手抹了一把脸上的水，继续向前扑去。突然，他脚下一空，全身落在水里了。后边的同志一见，惊呼着赶紧向他扑去。

混浊的洪水，直往王杰的口腔和鼻孔里面钻。他连蹬带扒，将头钻出水面，吐出一口水，向正在靠近他的战友们喊道："同志们，快往左边走，这里是深坑！"

没走多远，他突然又掉进一个深坑里，连忙喊："同志们，往右边走！"同志们非常关心他的安全，而他总是说："我不要紧。"在王杰心中最要紧的是人民的生命，国家的财产，战友的安全。

跟在后面的战士们，随着喊声，左拐右转。迅速地前进着。木料场的黑影越来越近了，王杰几个猛扑来到跟前。突然，他觉得大腿上就像刀割的一样痛，他以为被什么东西咬住了，连忙伸下手去抓，不料手也被刺得疼痛难忍。他又一细摸，手像触电似的被弹出水面。眼看同志们快到跟前了，他一挥手大声喊道：

"停住！"

大家一听，全呆了。他又左右移动了几步，然后对大家说："这里有铁丝网！"

"什么？"大家几乎不相信这是真的。

"木料场给铁丝网围住了！"王杰肯定地说。

这简直是大海行船碰到了暗礁。任务如此紧急，木料场却偏偏围着铁丝网。战士们急得直叫喊。

"我们游过去！"有人提议。

"不行！"王杰喊道，"铁丝网下到水底，上接水面，没法游。"

眼盯着木料抓不到手，王杰在水里也急得直打转。忽然，他心里一亮，对大家喊道："同志们，木料场肯定有大门，我们赶快摸啊！"

"对，摸到大门就好办啦！"大家异口同声地喊道。

可是，一片茫茫的洪水，大门在哪儿呢？王杰不顾被铁丝网划得钻心痛的四肢，带领大家向前摸呀摸。忽然，他摸到了一个木框子，用手一推，木框向里歪去。他惊喜地喊道："同志们，门找到了！"

"好啊，有门啦！"

战士们摸进大门，迅速地游到木料垛跟前，又迅速地在水面上摆好木料，从大门口推出来。

返回的途中，王杰推着用铁丝捆起来的木排，随着风吹浪涌，向岸边游动。为了加快速度，他取直线前进。遇到深坑，就借着木排的浮力，连扑带推，一步也不停。他已冻得浑身发麻，上下牙直打架。经过近一个小时的拼搏，木料被抢救出来。

木料运到了十九号涵洞，经过战友们的日夜奋战，涵洞口被堵住了，凶恶的洪水被制服了，人民的生命财产没有受到一点损失。他乐了，乐得要跳起来了……

→ 哪里有危险哪里就有王杰

★★★★☆

王杰在日记中写道："我们要一不怕苦，二不怕死。做一个大无畏的人。"他的确是这样做的。

1964 年，国防施工爬高空钻猫洞在拱顶打炮眼的是他；山洪卷着乱石，奔腾咆哮，倾泻而下，为抢救施工器材，第一个冲上去在险境中拼搏 40 分钟的又是他；发生哑炮，随时有险石塌陷，哑炮死灰复燃，有生命危险，争先排除的也是他。正如当时连里的干部战士说的那样：哪里有困难，哪里有危险，哪里就有王杰。

1964 年 1 月，大雪纷飞，北风呼啸。工兵一连开进了冰封雪盖的崇山峻岭，执行施工任务。王杰被分配在爆破班当副班长，与战友们一起，不分昼夜地开山劈石。整个工地上热气腾腾。

王杰负责的爆破任务是全连施工进度的关键，爆破后要看实际效果，才能确定下道工序的计划安排。

由于爆破产生的烟雾、粉尘、瓦斯气体、硝铵炸药残留物散不尽，整个坑道气味难闻，光线黑暗。每到此时，王杰总是第一时间第一个闯进坑道，检查爆破效果。他为了给下道工序的同志提供安全施工条件，又马不停蹄地帮助排险石的韩义祥进行排险。排险石是个体力消耗量大、操作动作复杂、危险系数最多的活，爆破后坑道顶部残留的险石，大的几百斤，小的几十斤。由于冲击波的作用，相互间联接已有裂痕的岩石，稍一震动就会突然掉下，危及人的生命安全。王杰总是拿起4米多长10多斤重的钢筋，颤颤悠悠地擎到5米多高的顶部，他不停地这里捅捅那边敲敲。发现岩石声音异常，他就拼尽全力迅速撬下，消除隐患。几分钟下来，两臂震得发麻，颈部又酸又疼，汗水、泥水直往袖筒里流，他如同泥人。厚厚的两层口罩被刺鼻的黑烟熏黑了，他就像一个从硝烟弥漫的战场凯旋的战士，充满着刚毅与坚强，这就是王杰。

→ 暴风雨的夜晚

★★★★★

1964年8月1日，王杰所在爆破班下晚工的时候，还是满天星；到了半夜，战士们正睡得香甜，突然刮起了狂风，满天涌上了乌云，利箭一样的闪电划破了黑夜。在震撼山谷的雷声里，瓢泼似的大雨下起来了。风越刮越大，仿佛要把工棚掀走；暴雨越下越急，像是天河决了堤。在雷声的间歇中，传来了"咔嚓"巨响声，狂风把大树折断了。

狂风暴雨，雷声滚滚，把战士们惊醒了。王杰一骨碌爬起来，伸手去开电灯，却没有开亮；刘成科刚一醒来，伸手去开电灯，同样没有开亮。

大风把电线吹断了。

借着闪电，王杰蹭地蹿出门去，冲向暴风雨中。

"副班长，电线断了，小心啊！"刘成科爬起来大声喊道。这时，睡在他身旁的战士吴庆忠也坐了起来问："你叫喊什么？"

刘成科刚要答话，又是一声霹雷，雷声过后，他才回答："副班长跑出去了，我怕他踩到电线上，让他小心！"

"下这么大的雨，他干啥去了？"吴庆忠问道。

"白天他把工作服晒在那块大石头上了，也许是收工作服去了。"刘成科猜测着说。

"咔嚓！"又是一棵大树被风刮倒了。

刘成科、吴庆忠等了一阵，不见副班长回来，他们心里急成一团，便贴近窗口想去招呼王杰回来。正在这时，一道电光闪过，只见王杰正在作业场下面的那道山沟里，拥着一只油桶往山坡上推。

"哎呀！副班长抢救物资去了！"两人不约而同地嚷了起来，立刻蹿出工棚，顶着风雨，朝着王杰那里跑去。

原来王杰被暴风雨惊醒以后，马上想到作业场上的油桶、木料和抬筐等器材会被雨水冲走，连衣服还没有来得及穿，他就冲到作业场上来了。借着闪电的亮光，果然看见木料、油桶、抬筐都被冲散。他大声地喊，多么想把同志们喊出来和他一起抢救物资，可是喊声刚一出口，就被风雨和雷鸣声淹没了。

现在，刘成科和吴庆忠赶来了，他多么高兴啊！他一个人拥着油桶往山坡上推，推不动了，就跪在水里用肩膀往上顶。刘成科和吴庆忠两个人合在一起干。电光一闪，他们就拥着走，电光一停，他们就摸着往上推。三个战士顶着狂风暴雨，左摇右晃，跌倒了，爬起来，又拥着油桶往上推。他们抢救了油桶，又赶紧去抢救被冲走的木料。每个人肩上扛一根，腋下夹一根，涉过激流，爬上山坡，运了一次又一次。

正在激战中，连长和几个战士赶来了。他们提着风雨灯，打着手电，给王杰、刘成科和吴庆忠照明。当他们把最后一批物资运到了山坡上的安全地点后，忽听得山顶海啸般的呜呜声，山洪暴发了，死石头变成了活石头，被洪水卷得轰隆轰隆地响，山沟里的水急速上涨。三个战士在洪峰未到的瞬间，抢先往回撤。连长隔着山沟抛过来一条麻绳，他们三个人排成一行，王杰站在最后，拉着绳子从急流里渡了过来，这时，洪峰像猛虎下山一般，直向山口滚滚冲去。

➜ 一张照片背后的故事

★★★★★

王杰离开我们四十多年了，每当我翻开与王杰生前相处在一起的照片，重温他那 10 万多字的日记，思绪澎湃，感慨万千，我仿佛又回到 48 年前与王杰共同生活的岁月……

1963 年 3 月，举国上下亿万军民响应毛主席的号召向雷锋同志学习成为一种社会风尚。王杰率先成立了学习雷锋小组，他走到哪里好事做到哪里。23 日，王杰所在的工兵一连组织共青团员到野外进行团日活动，经过 20 多分钟的行军，到达徐州市云龙公园，参观了各种名胜古迹，在参观中看到不少园艺工人，在种植花草，施肥浇水，不少少年儿童帮助打扫卫生。在参观途中，王杰看到一位老师傅清理厕所下水道，二话没说，脱掉棉衣，挽起单衣跪在潮湿的地上，用手一遍又一遍地掏去堆塞在下水道的污物、杂草。直到通畅了，王杰才依依不舍地离开场地。

看到王杰的双臂沾满恶臭的污泥，老师傅激动地说："谢谢你，解放军同志。"

休息时，王杰掏出笔记本写下了一篇感人肺腑的日

△ 1963年3月,王杰(后左)和本连共青团员过团日时,与赵书彦(后中)、韩义祥(后右)、魏文奇(前左)、朱玉沛(前中)、范希新(前右)诸同志合影

记:"我愿在公园当一个打扫卫生的人,不怕自己劳累,热爱平凡的工作,只要别人过得愉快,自己也感到幸福。"这篇日记使我终生难以忘怀。

随即,我们六名战友照相留影,这张照片在我的影集里存放了48年之久,已呈浅黄色。每当看到这幅照片我就想起了王杰……

1964年11月4日,排长朱玉沛、王杰和我参加济南军区工程兵组织的"郭兴福教学法"集训,目的是通过学习,培养工兵专业尖子人才及军事教练员,这是首长对我们的信任,我们听后心情十分激动。王杰对我说:"我们一定好好珍惜这次学习机会,把过硬的本领学到手,成为真正的

尖子班班长。"第二天朱玉沛到潍坊，王杰到莱阳，我到连云港。集训结束后，王杰和我分别担任五班、六班军事教练员。

为了从实战出发训练部队，连里对五班、六班加大训练量。每逢这时，王杰总是把全班拉到地面最坚硬的坦克跑道上，以实战的要求从难、从严训练部队。经过多次军事比武，我们军事素质提高很快，五班、六班成为军技过硬的尖子班，经过综合素质考评，王杰和我均获得一级技术能手称号。

按照上级的规定，超期服役的老战士每年可以探家一次。1965年初，连队干部在安排老战士探家时，不约而同地首先提到了王杰。因为他们知道，王杰的父母早在1958年就移居内蒙，已经分别七年多了，而且王杰的母亲还患着严重的心脏病，几次来信要他回家探望。

当连里的领导让他回家的时候，王杰却谢绝了。他说："训练刚开始，俺班是先行班，怎么能为私事影响训练呢？"

3月份连里又安排他探家。王杰听说师里要组织班长集训，心想，自己不学好，怎么能带好全班呢？于是他决定第二次推迟探家。他请排长向连首长说明推迟探家的理由。连首长见王杰态度十分诚恳，就同意了他的请求。

1965年4月，趁部队去参加生产劳动的机会，连首长再次催促王杰探家。这时我接到家里一封电报，说父亲病重。当时我心里七上八下很矛盾。我想请假探家，但一个排里怎能有两个班长同时探家呢？因为连里早就给王杰安排过假期，他与父母有七八年没有见面了，曾几次催他探家，按理说王杰的事比谁都急，何况他已经两次推迟假期。现在，我怎么能争着去请假呢？谁知当天晚上，连长刘德林对我说："王杰看到你家来电报，他让你先回去，连里也确定你回去啦。"听了这话，我很感动，第二天，王杰还帮助我办手续，送我出营房，并说："你放心走，班里工作不用担心。"这时，我觉得一股深情友爱的暖流涌入心窝，激动得流出泪来。

我非常感激战友的"让假"，就提前两天返回部队，想尽早让王杰去探家。这时，王杰所在的五班又准备到军区汇报表演。王杰又主动地向排长说："现在的担子加重，我要一心投入训练，个人问题决不考虑，请领导放心！"领导为催促他回家，三次找他谈话，每次他都这样回答："现在形势这么紧张，工作这么忙，等等再说吧！"

5月，王杰母亲心脏病又复发了。刘连长下定决心叫他回去，就不声不响地为他办好了火车票、通行证和粮票。朱排长还派五班战士陈建同把他送到火车站。这位一心为革命的好战士这一次再也推不掉了。这是王杰与父母亲分别八年来第一次团聚，谁料，这次相聚竟是与父母的诀别。

1965年7月14日8时许，听到爆炸声后，我和其他战友火速赶到现场，王杰遗体距炸点最近处2.1米，看到他那沾满鲜血的身躯，我们的心碎了，围着他放声大哭起来。

△ 2009年9月，王杰被评为"100位新中国成立以来感动中国人物"的证书及奖章

△ 王杰被评为"山东省一百位为新中国成立、建设做出突出贡献的英雄模范人物"的荣誉证书及奖章

△ 王杰被江苏省评为"'双五十'新中国成立以来感动江苏人物"的荣誉证书及奖章

我和七班长辛养法在距炸点20多米的田地里，将战友炸飞的碎骨收捡起来，包在沾满血迹的衣布里，放在他的身旁。

7月15日上午，王杰追悼会结束后，按照邳县人民的请求，将王杰安葬在牺牲处张楼。

料理完王杰的后事后，首长派副指导员赵书彦和我到王杰故乡金乡县华堌村（今王杰村），讣告王杰牺牲的消息。王杰的伯父母听到这个噩耗后，长时间悲痛不已。事后，我们又请两位老人把王杰生前用过的物品、学习用具、红领巾等遗物收集起来，等待部队来取，离开二老后我们又采访了王杰生前母校——金乡一中，以及王杰住过的解放军兖州91医院。

1965年11月，正值全国掀起学习王杰的高潮时，解放军画报社等新闻单位，相继发表了我们六名战友合影的照片及《和王杰相处的日子》的文章，再现了王杰生前的模范事迹。

《人民日报》、《解放军报》、中央和省市广播电台、电影制片厂等全国三十多个新闻单位来到我连，阿尔巴尼亚记者和日本《赤旗报》记者到王杰生前班采访。当时我负责宣传王杰生前主要事迹及接待中外记者。因工作需要我担任了王杰生前班的军事教练员，在骆驼山下负责组织指挥进行一次次的实爆训练。新闻记者、电影制片厂实地跟踪报道，通过训练再现了王杰生前的活动……

近半个世纪以来，这张照片一直伴随着我，从部队到地方，从城市到乡村，历经二十多个县市，数十次搬迁，始终保存完好。2010年7月14日，在纪念王杰牺牲45周年之际，我将此照片献给了金乡王杰纪念馆。

→ 闲不住的人

★★★★★

1964年4月5日，在沂蒙山区施工最紧张阶段，一件意外的事情发生了。

王杰和战士刘成科在山坡上熬沥青，突然，熬得沸滚的沥青溶液着火了，刘成科一不小心，让滚热的沥青烫伤了王杰的右手。

"副班长，快下去找卫生员包扎一下吧！"看到这情形，刘成科急切地说。

"没关系，我这点小伤算得了什么！"王杰微微一笑，满不在乎地说。

刘成科知道，就是被米粒大的沥青溶液烫着了，都要痛得一跳，副班长被烫伤这么一大块，整个手都红肿起来了，怎能不痛啊！可是再三动员也是白搭。

工作完成了，王杰才去处理伤口。这时沥青已干了，紧紧地粘在皮肉上，怎么洗也洗不掉；他不管三七二十一，就用柴油洗。柴油是有毒的，刺激性很大，他咬紧牙关，忍住柴油的刺痛，反复搓擦。黑色的沥青终于被洗掉了，红色的肉露了出来，他没有叫一声痛。后来卫生员知道了情况，便赶紧来给他敷药，包扎起来。

连首长和战友们都动员王杰休息，可是他说什么也不肯离开这热火朝天的工地，每天挂着一只胳膊，照样上工，照样干活。

"副班长，你还是回去休息一下吧。"战友们不止一次心疼地对他说。

"大家工作得这样紧张，我怎么能下去，干不了重活，在这里帮着出出点子也好啊！"王杰这样回答道。

战友们的嘴唇都磨破了，还是起不到半点作用。

王杰用一只左手，一块一块地把小石头推走；用一只手

△ 1964年5月，王杰在沂蒙山区施工期间，特意在一棵树前留影纪念

拿着锹，夹在腋下扒石渣；用一只手、一个肩，争着和战友们抬筐运土；用一只手，一个一个地捏泥蛋，堵塞炮眼；他甚至还用一只手，装药放炮……

"奇怪！我昨晚收工时运来的红土和沙子，怎么一下子都变成泥蛋了？"一天，爆破班上工的时候，有人惊奇地这样说。

"别瞎扯了，红土能自己变成泥蛋？兴许你记错了。"另一个战士回答着。

他们这些对话，许多人都听见了，但都不在意，说说笑笑地又投入了紧张的战斗。

当爆破班第二次上工时，红土变泥蛋的事又发生了。这

△ 1964年5月，王杰（后左）、杨长河（后右）、刘成科（前左）、吴庆忠（前右）等爆破组部分同志合影

次可真叫大家惊奇了。还是上次那位战士指着一堆泥蛋说：

"上次你们说我瞎扯，说我记错了，这回可是真的吧？颜色还是新鲜的哩！"

"是谁捏的？自动报名！"班长杨长河扫视大家一眼。

半晌，没有一个回答的。

"嗬，咱们班里出了活雷锋了，做好事没人承认。"战士们异口同声地说。

正好这时营里一位首长来了，当他知道了情况后说："杨长河，你把这件事查一查，看看是谁干的，查清了向我报告！"

"我们刚才已经查过了，都说不知道，可能是三连的同志们帮助干的。"杨长河一个立正敬礼，放机枪似的说。

营首长到三连一边参加劳动，一边自己进行查问，可是个个都说没有帮一连捏过泥蛋。晚上，营首长从工地回来，走到一连施工的地方，他的手电筒无意中照见山坡下好像有一个人影，又一照，果真是一个人。走近仔细一看，那人脖子上挂着白布，吊着一只胳膊，正在用左手不停地揉泥。他一眼就认出了是王杰。营首长说："嗬，这几天大家猜不透的谜，现在可被我揭开了。王杰同志，叫你好好休养，怎么又偷偷地干起来了？"

王杰连忙站起来，手里抓着个泥蛋，不好意思地低下头，笑了笑没说什么。

第二天，连长刘德林听卫生员说王杰的手伤感染得很厉害，于是，便找王杰说："王杰同志，你马上下山，到营卫生所治疗伤口！快去，这是命令！"

见连长的语气和神态那么严肃，他知道没法再推辞了，只得恋恋不舍地下了山，住进了营卫生所。但他人住在山下，心却留在山上，老惦记着施工的进度怎么样，爆破的质量怎么样……

这天，天上没有一丝云彩，太阳照得暖烘烘的。王杰跑到卫生所后的山坡上走了一圈，然后坐在一块大石头上，打开日记本，用左手吃力地写着："手烫伤九天啦，我没有停止工作。我认为工作第一，个人的私事是小事，个人的利益应当服从党的利益。"

写到这里，他好像抬了100多斤的大石头那样，累得满头大汗地停了下来。满耳的山风，把高大的马尾松和山边的栗子树、柿子树吹得呼呼作响。他静静地听着，一边休息一边想，这几天来，坚持练习左手写字，终于写得有个样儿了，多高兴啊！

原来，还在山上工棚里的时候，他就跪在床头上，趴在石头墙上进行练习，不知画满了多少张包炸药的牛皮纸。现在虽然写得又大又歪斜，但总能认得出是什么字了，他暗暗高兴地自语道："左手也能写学习毛主席著作的心得笔记了，趁这治疗机会，我一定要努力地学习！"

这些天来，首长和同志们的关怀，使他感动极了。这天，他又趴在病房的桌上用左手写起日记来："这些天来我深深感到周围的同志都在关心着我，一人有事众人帮，同志们给我洗衣服，端水端饭，问寒问暖，处处照顾我。首长经常问伤势如何……首长和同志们无微不至的照顾，使我体会到革命大家庭的温暖。为报答领导的关怀及同志们的帮助，我保证努力学习毛主席著作，积极工作，埋头苦干，为完成今年的施工任务而献出自己的一切力量。"

→ 血 书

★★★★★

1965 年 5 月 1 日，工兵营副政委王步尧作战备动员报告。

这是一个控诉美帝国主义罪行的大会，是一个向党向人民宣誓的大会。教室两旁张贴的美帝国主义侵略我国、侵略越南、侵略世界人民的摄影图片，早已激起了战士们心头的怒火。当副政委讲到美帝国主义在越南北方狂轰滥炸，在南方施放毒气、残杀越南人民的滔天罪行的时候，战士们咬牙切齿，心都快要炸了！一连五班班长王杰站起来领着大家振臂高呼：

"坚决支援越南抗美斗争！"

"打倒美帝国主义"

"美帝国主义从越南滚出去！从台湾滚出去！"全体同志的心汇聚成一个强烈的声音，震动了整个教室……

动员报告会结束以后，王杰激愤万分，他刺破中指，沾着滴滴鲜血，一笔笔、一字字，工工整整地写下了请战书：

坚决支援越南的斗争，我要当一名志愿军！

这 17 个字，在王杰的日记上单列成一行，笔迹特别粗，十分醒目；这 17 个字啊，是美帝国主义在越南扩大侵略战火以后，早就深埋在王杰心底里的决心，它也代表了全国人民的决心！

血书，震撼了军营，大家以王杰为榜样，写请战书，要求到越南去，参加援越的战斗。一切为了前线，练兵的热潮蔚然成风。

这一时期以来，为了增强臂力，王杰和五班战士们，在天将破晓或是在暮色苍茫的练兵间隙里，有时三三两两，有时是全班，苦练托雷基本功。他们在荒山上，在绿草丛中，在野地里，在住区的四周，趴在地上，一个个手里托着个十六七斤重的大圆雷，练臂力，练意志。如同在越南前线，苦练一身硬功夫。

越南崇山峻岭，地形复杂，王杰手指山坡向大家说："这就是'越南战场'，这个战场地形坡度不算大，但杂草丛生，石子石渣满坡皆是。这样的山坡，对坦克运动是没有什么困难的，正因为这样，我们要在这种地形上练习埋雷。同时，为了给我们自己的坦克部队开辟道路，也可能担负排雷的任务。"王杰说完，接过了一个战士手里的两个地雷，像是等着"冲击"的号令一样，自己也立即趴下，下达了前进的口令。

霎时，响起了一片"嚓嚓嚓"的声音。每个人托着雷，用臂肘和膝盖擦着碎石匍匐前进。在山坡上每前进一步都要比平地付出几倍的力气，没有多大一会儿，人人都已累得满身大汗，却没有一个落在后面。

20多分钟后，王杰和同志们几乎同时爬到一条线上，大家开始一起挖坑、埋雷。这时，同志们的军装都被汗水湿透了，裤腿、袖筒着力的地方都磨出了洞，肘和膝盖磨破了皮。有的地方还渗着血。"只有平时多流汗，战时才能少流血"，这是王杰多年来练兵的口头禅，他为了检验训练效果，利用旧器材制作了各种应用教练雷，他告诉大家说："我在那边树林里埋了一些教练地雷，谁去排除这些地雷？"

"我去！"

"我去！"

大家都争着要去。

大家跟着班长来到了树林。突然绊到了信号雷，一颗红色信号弹腾空而起，同志们个个警惕地相告："小心！""小心！"这时，有的同志发觉了线，高兴地上去剪断。不料橡皮筋一收缩，"爆炸"了。王杰在一旁嚷道："大家注意，有'绊发雷'！"同志们小心翼翼地注意着脚下，可是头上碰了绊线"爆炸"了，上下注意，腰上又"爆炸"了。大家愣了一下，终于抑制不住心头的兴奋，一齐向班长围上来，高兴地喊道："我们钻进了班长摆的地雷阵，出不来啦！班长，你想的办法真多，简直成了科学家！"

王杰谦虚地对大家说："从实战的要求来看，地雷这学问深得很，我不过是个小学生。为了对付美帝国主义，我们不能不随时做好准备。一旦祖国需要，我们随时奔赴前线，支援越南人民，狠狠打击侵略者。"铮铮誓言极大地鼓舞了全班战士的练兵热潮，五班成为过硬的尖子班。

……7月14日，王杰牺牲后，人们争先传颂王杰那17个字的血书，那是王杰一不怕苦，二不怕死精神的写照。

坦克跑道埋"地雷"

★★★★★

王杰是工兵营优秀的军事教练员、尖子班班长。在军事训练中总是带着敌情去练兵。他专找条件差困难多的场地布设地雷，以达到有效杀伤敌人的作用。夜深人静的时候，工兵连五班的战士们背着一个个"铁西瓜"来到了布雷场。"作业开始！"班长王杰口令一下，一条条黑影刷地卧倒。这儿是用泥土夹碎石子压成的坦克跑道，新战士用尽全身力气，一锹下去，挖不出一把土，两臂震得发麻。有的同志嚷开了："那么多地方不去，偏偏到这上面来折腾人，转移阵地吧！"

王杰一听，这是战士们思想上松了弦。他叫大家

停止作业，围在一起讨论。王杰说："战时我们会不会碰到这样的硬地皮？"大家异口同声地说："那还用说，当然会碰到。"王杰接着说："对！训练是为了打仗，是为了在真刀真枪的战场上过得硬。当前美帝国主义在越南扩大侵略战争，我们要时刻准备履行国际义务，不练出一身过硬的本领还行？"说罢，他掏出毛主席著作，念了一段《愚公移山》，然后叫大家跟愚公比一比。他说："咱先跟愚公比一比年龄。"战士们扑哧笑了，有的说："愚公是白发苍苍的老汉，我们是年轻力壮的小伙子，差哪里去了！"王杰又说："我们再跟愚公比一比困难。"有的说："愚公搬的是两座高高的大山，我们挖的是一个小小的雷坑，我们的困难哪有愚公大？"再后，王杰叫大家跟愚公比比毅力。这下，战士们不好意思起来。有的说："愚公受人嘲笑不动摇，我们碰到一点困难就泄气，真没出息。"

　　这样一比，大伙的劲儿鼓得足足的。干！坚决不换阵地！新战士徐汝明个儿小，体力弱，挖不了一会儿，就累得气喘吁吁，手上磨起了泡。他一声不吭，硬是坚持着练。

虽然天气很冷，可战士们却湿透了棉衣。经过苦练，终于战胜了困难。由原来 27 分钟挖一个雷坑，提高到 7 分钟挖一个雷坑。

➡ 第一堂课

★★★★★

　　1965 年 7 月 2 日，邳县张楼民兵地雷班正式开课。地雷班的民兵们，个个兴高采烈，像过年一样，站在村头迎接自己的教员——王杰。

　　面对朴实善良的民兵这样热爱子弟兵，王杰十分激动，他在第一堂课中这样讲到：

　　当我听到领导叫我担任辅导民兵训练任务的消息后，我既高兴又感到压力不小。高兴的是现在我军正开展轰轰烈烈的向地方学习。今天我有了向地方民兵同志学习的好机会。这对我今后的工作将会有更大帮助，这怎能不高兴。所感到压力不小是因为我入伍时间不长，军事教学知识懂得少，也就更谈不上精通。因此说在学习中不能完全满足民兵同志的需要。今后的学习只不过是我在前面引一个路当做向导，路还是要靠大家走，大家互相学习互相提高，发现问题及时指出和批评。

　　我们地雷班所训练的课目就是地雷的埋设与排除。什么是地雷大家可能都知道。就是一种设在地下（上）具有杀伤破坏作用的爆炸武器。地雷在抗日战争和解放战争中，是我军和民兵群众广泛使用的武器。地雷构造简单，携带方便威力大，是消灭敌人的有力武器。地雷战是在抗日战争时期，我党领导敌后人民普遍开展的一种积极对敌斗争的手段，在长期斗争中，积累了丰富经验和智慧，采用"雷枪结合、金钩钓鱼、送雷上门、使用地雷长腿"等妙法，炸得敌人寸步难行，大大地打击了敌人的士气，民兵巧妙地利用石头、箱子、桶各种家具器皿，在道路上、门上、窗上、房子里、各种物体上设置地雷，使敌人碰哪炸哪，配合我军有效地杀伤敌人。在现代战争中，我国虽然有了原子弹及其他高尖端武器，但地雷仍是不可缺少的武器，同样是很重要的。我们地雷战的光荣传统同样要发扬下去。因此我们民兵同志应该学会埋雷和排雷本领，如果敌人胆敢进犯我国，我们的民兵游击队和人民群众就同军队一起大摆地雷阵，使敌人有来无去，这就是人民战争。

王杰向民兵阐述人民战争重要意义的讲课，受到了地雷班和人武部的高度赞誉。极大地鼓舞了民兵的学习热情，他们带着敌情，苦练杀敌本领，先后学会了在敌人前沿前 51 式防坦克地雷、59 式绊发地雷、各种应用地雷的设置与排除。

"班长你真像雷锋"

★★★★★

王杰平时对自己要求非常严格。无论工作学习，甚至一些生活小事，他总是把雷锋当做镜子，时时检查自己，处处对照自己。每当领导和同志们表扬他时，他一定会说："比雷锋差远了！"这是他的口头禅。大家也最爱听这句话，因为在同志心目中，只要提起雷锋，自然就会想到王杰。

1965年2月，寒风刺骨，王杰带领全班在野外进行单个地雷设置与排除。王杰的手早已冻得肿起一指多厚，每掘一锹土，手就震得发疼。这时，他观察了一下全班的操作情况，发现有的同志进度很慢，有的雷坑质量不好，不由得眉头直皱。可是一看到同志们通红的双手和满头大汗，心里又疼爱万分。他让大家休息一下，暖暖身子，活动一下手脚。他却趁大家休息的时候，把同志们召集在一起，耐心地讲解操作要领。他一面说，一面做示范动作，并要副班长看表，计算操作的时间。

王杰以坚强的毅力，准确的动作，一口气就挖了二十四个防步兵雷坑，时间只用了15分钟，个个质量合乎标准。这时同志们都怀着崇敬的心情望着满头大汗的王杰。大家联想起他在平时那些闪闪发光的事迹，仿佛看到了活雷锋站在大家的面前。战士胡德发激动地拉着王杰的手说："班长你真像雷锋！"副班长张钦星也连忙说："对对，真像，雷锋是两个字，你也是两个字，你一定能当雷锋！"同志们你一言我一语议论开了。

王杰不好意思地笑了笑说："我比雷锋差远了。"他沉思了一会儿，忽然把手一挥，高声说道："只要我们处处向雷锋学习，全心全意为人民服务，大家都能成为雷锋。"

王杰是这样说的，也是这样做的。他以雷锋为榜样，拿自己所做的每一件事都和雷锋比，越比越觉得自己差得远。王杰按照毛主席关于阶级分析的教导来认识自己的家庭，他清醒地认识到，自己身上还存在着许多小资产阶级个人主义的影响，要甩掉这个"包袱"，要达到雷锋那样的高度，必须加倍努力。有一次，他去帮助群众做好事没有请假，班长批评了他。王杰没想到，自己做了好事，还挨批评，心里不高兴。晚上躺在床上，翻来覆去总睡不着。他又想起雷锋。雷锋是个很守纪律的战士，自己不请假就外出，就是违犯了纪律。这样一比，差距找到了，心里就不再埋怨班长，反而觉得班长批评得很对。王杰就是这样一点一滴学英雄和改造自己的。

王杰对自己的思想改造是自觉、严格的。他在领导和同志们的帮助下，经常和自己的私心杂念作斗争。他最痛恨言行不一，他对所谓"微不足道"的小事也不放松。集体看电影占个好座位，洗澡找个好地方，干活挑把好工具，这些在王杰看来都是与革命战士的高尚品德不相容的。王杰在学习了毛主席关于革命接班人五个条件的教导和共青团九大文件之后，对自己有了更高的标准。他处处以张思德、白求恩、董存瑞、刘胡兰、黄继光、向秀丽、雷锋等英雄人物为榜样，向他们学习，向他们看齐！

王杰自我改造的自觉性和严格精神，还表现在他经过努力获得了进步和成绩的时候。王杰入伍以来年年是五好战士，还立过两次三等功，被连里评为模范共青团员。他也不止一次地考虑过入党的问题。他经常学习共产党员应当具备的条件，对入党问题采取了正确的态度。他对别人说："入党是我的迫切要求，也是我的努力方向，我知道自己还存在着不少个人杂念，我决不能带着一大堆缺点加入自己的组织。"

王杰所取得的每一点进步和成绩，同志们都看在眼里，连队党支部也正在积极培养他。但王杰却丝毫不原谅自己哪怕是很小的缺点，也不希望组织迁就自己。他生前曾对战友说过："党的大门任何时候都是敞开着的。我相信组织上总有一天会吸收我入党，我总有一天会加入自己的组织！"

王杰是一个普通的战士。他的牺牲，强烈地震动了人们的心。在王杰事迹展览会上，许多观众一边参观一边落泪。为什么这些与他素不相识的人这样激动？这样悲痛？因为王杰是人民的好儿子。在他身上集中体现了革命战士的优秀品德。他全心全意为人民服务的精神，得到了千千万万劳动人民由衷的尊敬。

王杰在他那光华四射的日记里，不止一次地表达过这样的心愿：一心一意做人民的勤务员，做革命的"老黄牛"。在他的日记里，经常提到"雷锋"这个光辉的名字。他立下誓言：要像雷锋一样，把有限的生命投入到无限的为人民服务中去。

王杰把为人民服务这个崇高的目标和自己的每一个具体行动密切结合起来。他走到哪里，就把好事做到哪里。行军路上，一个战士不小心踩倒老乡的几棵麦苗，他立即上去一棵棵扶起来，培好土。外出拉粮，碰到一位行走困难的老大娘，他毫不犹豫地请她上车，一直拉十几里送她到家。旅途中，有几次碰到旅客丢了车票和钱包，他就解囊相助。一个星期天的

早上，王杰和战士周友录上街，看到工人们拉着装满石料的板车，通过高大的铁路天桥有些吃力，他们立即上去帮着推车。周友录急着去代别人办事，先走了，和王杰约好在新华书店会面。周友录办完事，在书店左等右等，不见王杰。走到天桥，看见王杰脱了棉袄，满身大汗，还在那里帮助工人推车。周友录告诉他，请假时间快到了，王杰看了看头顶上的太阳，才恋恋不舍地走下天桥。路上，他对周友录说："工人同志们推车是为了建设社会主义，看他们那样辛苦，我丢不下。"周友录现在谈起这件事来，心情还很激动。

王杰对革命同志有深厚的阶级感情，他把为战友们做好事，同样看作是最实际的为人民服务。行军，全班三天的口粮，他一个人背上一大半。他背的一壶水，自己舍不得喝，都让给同志们。一次，连队冒着大风雪修桥，干了一天，战士们的棉衣全打湿了，晚上大家都很疲乏，把湿衣服往火边一搭，倒头便睡着了。王杰给战友们一个个盖好被子，看着一张张熟睡的面孔，听着窗外呼啸的北风，他想：天气这么冷，同志们的棉衣要是烤不干，明天还要在风雪里施工，那怎么行！他便坐到火堆边，拿起棉衣一件件地烤起来，烤干了一件又一件。当他烤完全排最后一件棉衣的时候，已经是深夜三点多钟了。第二天同志们穿上干爽的棉衣上工，听说棉衣都是王杰烤的，一股热流暖到每个人心窝里。

处处为同志们做好事，成了王杰的习惯。能做到的，他尽力去做，自己不会做的，他也千方百计想办法出上一份力量。就在他右手被沥青烫伤以后，用左手端着脸盆到山下河沟里，半盆半盆地为上工的战友们打好洗脸水。住了医院，他还帮助护理员擦地板、送药、倒开水。一事当前，王杰从来不分你的我的，只要是革命的、对同志有利的，他就全力以赴，越干越起劲。连队成立义务理发组时，他再三要求参加。同志们说他不会理发，可他总不死心，理发组一"开张"，他便拿着自己的毛巾和肥皂，跑去为同志们洗头。他见同志们蹲在地上洗头不舒服，就搜集废木料做了一个洗脸架。就这样，他硬是"挤"进了这个服务小组，成为不可缺少的一员。

王杰在他短短的一生中，以火一样的热情，为人民、为同志做了许多好事。在他生前，就有同志称他为"活雷锋"。但是，王杰始终牢记毛主席关于为人民服务要"完全""彻底"的教导，认为贡献于人民的应该越多越好，要求于人民的应该越少越好。他给自己订下一条法规："在荣誉上不伸手，在待遇上不伸手，在物质上不伸手。"他吃苦在前，享受在后。野营时他把好的铺位让别的同志睡。出公差他争着干。越是在行军疲劳的情况下，他越要多站岗。他常常提早起床，挑水扫地，把全班、甚至全排同志的洗脸水打好……

1965年7月，领导分配王杰到邳县张楼人民公社帮助训练民兵。他满腔热情，极度负责，不管下多大雨，不管路上多么泥泞，天天都是四点来钟就起床，从连队跑二三里路赶往民兵住地。要是场院里还有积下的雨水，他就拿起扫帚打扫干净。有时去得太早，民兵还没有起床，他便在屋檐下，掏出备课笔记，借着曙光，轻声诵读。王杰一有空就给民兵讲雷锋的故事，跟他们一块儿谈心、拉家常。民兵们都亲昵地称他为王教员，有什么心里话都愿意跟他说。

王杰勤勤恳恳，任劳任怨，做"革命牛"，直到他生命的最后一刻……

1965 年 7 月 14 日，王杰写完了他光辉历史的最后一页，不折不扣地实践了自己的誓言："为了党和祖国，为了人民，我有一天的生命，就努力工作一天。"

➔ 牺牲前的夜晚

★★★★★

1965 年 7 月 13 日的夜晚，是一个平常的夜晚。然而大运河边张楼中学的一间屋子里却是一个不平常的夜晚，因为王杰在这里度过了他生命的最后一个夜晚。天慢慢地暗下来了，王杰和他的副班长张钦星在亲切交谈。

白天，工兵一连召开半年初评大会，发扬民主给领导提意见。副班长张钦星性格直爽，说起话来滔滔不绝像个"机关枪"，他一口气给党支部提了二十多条意见。张钦星的发言有很大的片面性，王杰觉得应该好好帮助他提高认识，便说："副班长，你大胆提意见这是很好的。但是，看问题要一分为二，既要看到成绩，又要看到缺点。咱们连今年政治思想工作比去年好，学习毛主席著作比去年普遍经常，党支部的战斗堡垒作用比较好。当然，咱们连也有缺点，像阶级教育不够经常，学习毛主席著作在'用'字上下功夫还不够，选的干部苗子有的不准……这些，咱要正确地提出来，但不要否定一切。"王杰这些话在白天的军人大会上也说过，并且得到了大家的赞同，在工兵营蹲点的工兵科长田永泰认为王杰这个发言"有质量"。张钦星听了，连连点头，表示今后看问题一定一分为二。

熄灯多时了，王杰还没有入睡，思考着班里的问题。副班长是个好同志，可就是思想上有片面性。新同志开会则一言不发，这对搞好全班是不利的。初评啦，应该好好总结一下经验……他打开日记本，借助手电的微光，写下了自己人生的最后一篇日记：

加　油

四好五好花正浓，

一年又比一年红，

新的一年更跃进，

跃马横戈向前冲。

半年初评"加油站"，

检查评比把"油"添，

分秒必争学"毛著"，

如同紧握方向盘，

眼前道路更宽广，

步伐更快永向前。

凌晨2点，轮到王杰站岗，他起来了。3点该换岗了，可他又替东庆明多站了一班岗。到凌晨4点，便叫醒了陈建同接替了他的岗。王杰回到屋里，又按往常的习惯提着一只水桶，到井里提了一大桶水，给全排同志倒满了洗脸水。为了不影响同志们的休息，他轻手轻脚地把一个个脸盆拿到院里，倒上水，再端回屋子里。这一切都做完后，他走到桌子跟前点燃了小油灯。灯光一照，发现东庆明的蚊帐敞着一大块，赶忙走过去，把小东的蚊帐仔细压好边，又回到小桌前。

5时许，王杰带着器材正要往外走，副班长张钦星过来了。

"班长，这就走吗？"张钦星问。

"嗯，我就走了，副班长，"王杰说，"这些天叫你受累了。今天是最后一堂课了，完了，我就能回来分担你的一些工作了。"说完，他再一次看了正在酣睡的同志们一眼，当他认为再也没有什么需要马上做的事了，便大步跨出门去。

……王杰走了，从此再也没有回来。然而他在临走前做的这些平凡小事，却深深地留在战友们的记忆里。

➡ 最后一堂课

★★★★★

1965 年 7 月 14 日，是王杰训练民兵的最后一堂课。天刚蒙蒙亮，他迎着东方的曙光，直奔民兵训练场。

朝霞映红了大地，也映红了王杰那张兴奋的脸。经过近两个星期紧张的训练，民兵们已经掌握了不少军事知识。昨天，又学了用各种就便器材制作地雷的方法。大家高兴地说："这回敌人来了，咱也可以让它碰哪儿哪儿炸。"今天，地雷班就要进行绊发防步兵应用地雷实爆了。王杰为自己给革命事业贡献了一份力量而感到幸福，也为民兵的训练进步而高兴。

王杰到训练场一看，民兵们都已经到齐了。眼看就要搞实爆，小伙子们个个高兴得就像第一天跟教员见面时一样。

王杰正在包扎代替地雷的炸药包，罗汉瑞走过来说："王教员，咱们爆个真地雷该多好。"

王杰说："应用地雷同制式地雷一样杀伤敌人，这就叫勤俭练兵啊。"

吴步良凑过来说："反正假的没有真的好。"

范志华冲声冲气道："你又忘了'练为战'了！"说

得小吴直吐舌头。

王杰解围似的说：“将来到了战场上，要多少有多少，只怕敌人不够炸！”说得大家都笑了。

李彦清把全班带到村外作业场上，作业开始了。王杰站在队前，手里拿着拉火管、雷管。他说：“我们今天的课目是绊发防步兵应用地雷实爆，这种地雷要求在瞬间爆炸，杀伤敌人，所以不能加导火索。敌人一旦绊到就立即爆炸。”这堂课，王杰讲得格外细致，特别认真，一直到大家都明白为止。接着，他又把操作中的注意事项也说得一清二楚。

这种实爆，王杰过去做过多次了，但他还是独自跑到几十米外一条水渠边，用拉火管直接连接雷管做实爆前的试爆。“啪”的一声，第一次试验成功。他还不放心，又做了第二次也成功了，这才满意地走回训练场。

民兵们挖好了地雷坑，围在四周，聚精会神地看着王教员操作。王杰小心翼翼地把炸药包安放在雷坑内，一边轻轻地埋土一边说：“一定要像战场上那样，让敌人发现不了我们的地雷。”不曾想，就在此时突然发生了意外，面对死亡的危险，他放弃了自救，毅然扑向炸点，献出了自己宝贵的生命……

这是他给民兵们上的最后一堂课。他以自己壮丽的青春谱写了一首响彻云霄的革命战歌。他那气贯长虹的革命精神，将与天地共长久，与日月争光辉！

→ 王杰日记选

★★★★★

1961 年 7 月 14 日

人一生，以服从祖国的需要为最快乐。

服兵役为第一志愿。升学和参加农业生产为第二志愿。

1962 年 × 月 × 日

练硬功

北风劲吹天气寒，干战练兵劲头添，
誓与北风比高低，不怕风狂天气寒，
五大技术全练硬，防止敌人侵犯咱。

1963 年 × 月 × 日

我是一个革命者，我要做一个革命的良种，党和国家把我撒到那里，我就在那里生根、开花、结果。撒在沙漠上，我就要长成绿色的长城；撒在荒山上，我就要使荒山变成花果山；撒在田里，我就要长成丰产的庄稼。这是我们革命者的本色。如果挑这拣那，这山望着那山高，那不过是一颗发了霉的种子，放在最好的地方，仍不免要烂掉的。

我坚决发扬革命队伍的优良传统，向董存瑞、黄继光、安业民、雷锋等英雄人物学习，在战场上头可断血可流，在敌人面前绝不屈服。在平时安心于平凡的工作，乐于做平凡的工作。我一定要做雷锋式的战士，做毛主席的好战士。我要把有限的生命投入到无限的为人民服务中，把可爱的青春献给祖国，献给人类最壮丽的事业。

1963 年 2 月 12 日

今后在工作中，任何人有了困难，我一定尽力帮助，一定乐于帮助别人，只要能帮助别人做一点点事情，我都感到高兴、自豪。

1963 年 2 月 21 日

今后不论在什么工作中我一定做到：

为党的事业忠心耿耿，

为革命胜利勇于牺牲。

是共产党员哪能不视死如归，

做革命军人岂能管个人安危。

1963 年 2 月 23 日

革命部队是一个锻炼人的大学校，我要把自己当做一块煤，投在斗争生活的熔炉里烧炼，使它发出时代的光和热……

1963 年 3 月 3 日

为了党，我不怕进刀山入火海。为了党，哪怕粉身碎骨我也心甘情愿。

1963 年 3 月 23 日

盼！盼！终于盼到了。今日的党团活动到公园去活动，真是使我高兴极啦！吃过午饭我们迈着整齐的步伐向公园进发，路上敲锣打鼓真是热闹。经过二十分钟的行军来到了公园，参观了各种名胜古迹。在参观中看到不少工人在种植花草、施肥、浇水，他们辛勤劳动是为了别人的幸福，是为了使别人生活得更快乐。他们把公园打扫得干干净净，打扮得极为美丽，使劳累了一个星期的工人、学生、军人，利用假期到公园散心游玩，高高兴兴地度过假日。我愿在公园当一个打扫卫生的工人，不怕自己劳累，热爱平凡的工作，只要能使别人过得愉快，自己也感到幸福。

1963 年 4 月 5 日
要不得的第一

今天排长找我谈话，态度和气可亲，是我们的好排长。

排长指出自己对待荣誉不够正确。是这样的，事情发生在二月份的一天。据可靠消息，明天早晨紧急集合。为了动作迅速，争取第一，晚上睡觉前我把枪支弹药都准备好，早晨我又提前半小时起床，悄悄地打好背包等待集合，集合哨子一响我就跑了出去。这样我争得了第一，回来受到了副连长的表扬。

弄虚作假，欺骗领导，这样得到的表扬是不光荣的。我们训练是为了打仗，为了练过硬本领，平时不注意训练，战时就拉不出去，就不能消灭敌人。

今后我一定正确对待荣誉问题，做一个无名英雄。

（注：据原排长赵书彦谈，此事是王杰同志主动向排长汇报和检讨的。）

1963 年 6 月 2 日

野营训练进行了十天，胜利地结束了。五月三十日，从涧头集步行回到了营房，行程一百二十余里（从早上五点三十分走到晚七点）。这次野营训练锻炼了体力，学习了军事知识，接近了实战要求。训练是在困难多、地形复杂、气候多变的复杂情况下进行的，从出发到结束，一直下着雨，我们都是冒着雨、踏着泥训练，同志们在泥里滚，水里爬，不怕脏，大家说得好："衣服脏了可以洗掉，我们学到的本领是永远洗不掉的。"这次训练接受实战要求，我们学到了过硬本领。

△ 王杰日记手迹

1963 年 6 月 9 日 星期日　写于微山湖

今天是麦收的第一天，早上三点从营房步行来到微山湖，行程四十余里。从昨天晚上身体就不舒服，肚子发胀，早晨吃了一点饭，一路上肚子老是痛，还拉肚子。但是我都咬着牙，坚持了下来。同时我也想起了毛主席的话："下定决心，不怕牺牲，排除万难，去争取胜利。"拿出了愚公移山的精神，克服困难；路是越走越少的，虽然很长，但不会增多了。就这样战胜了困难，完成了行军任务。

1963 年 6 月 12 日

当兵难，当一个好兵更不容易。

通过野营训练和这次麦收使我深深地体会到这一点。

入伍时，我是抱着到部队享福的愿望入伍的，对部队的真实情况一点都不知道，从有关材料和自己的想象中，认为部队是常年训练，根本没有想到部队还有施工、生产、野营。经过近两年的部队生活，使我认识到：部队既是战斗队，又是工作队，也是生产队，不管什么工作都要干。不管什么工作要想干好，都要付出艰苦的劳动。要想当一个好兵，像黄继光、董存瑞、雷锋那样必须处处以他们为榜样，从小事着眼，大事着手，严格要求自己，活学活用毛主席著作，踏踏实实埋头苦干。

这次麦收任务的繁重是我从来没有经历过的。经过六七天的劳动，累得我腰酸腿痛，手上起了泡，口干，太阳晒，劳动回来吃饭坐着都腰痛，手都不能拿东西，但是我咬着牙坚持下来了。在工作困难的时候，我想到了党和毛主席对我的教导，想到中印边境的同志，想到上甘岭，想到朝鲜战场一口炒面一把雪，想到黄继光、雷锋、董存瑞。想到这些，我浑身增加了力量，增加了克服困难的勇气，我咬着牙，忍受着腰酸腿痛坚持了下来，完成了几天的麦收任务。

1963 年 6 月 15 日

微湖望无边，地薄草木盛，
敲醒微山湖，微湖变模样。
草滩盖农场，铁牛隆隆响。
开垦处女地，种上千顷粮，
麦田翻金浪，千里金黄黄。
麦穗沉甸甸，又是丰收年。

1963 年 7 月 3 日

我认为：
一个人只有拿自己的缺点与别人的优点相比，才能感到自己不足，才会进步。
一个人如果把自己估计过高，始终认为自己比别人强，那永远也不会进步。

1963 年 8 月 5 日

虚荣的人注视着自己的名字；
光荣的人注视着祖国的事业！

1963 年 8 月 19 日

接受了新的任务前往天津防洪，走的时间没有命令，现在是等待出发，东西都准备好啦，可是不走，我的心早就飞向受灾的地区，人民的生命财产等待我们去抢救，可为什么不走呢？时间过得太慢啦，过一天像一年那么长，命令下来就要飞向受灾的地区。

我向领导下了决心，下了保证：

当兵是为党、为人民、为祖国而来的，不管任何工作，党指到哪里就冲向哪里，就是需要献上青春也没有怨言。

1963 年 8 月 28 日

昨晚刚入睡，就听到集合，心想可能是堤岸决口。我的心跳得厉害，人民财产又要受到损失，我要拼命地去抢救。任务下来了，是扛草袋子。到车站有十多里地，天黑路滑，这些我全不管，走起路来一溜小跑。心想：跌倒爬起来，跌伤找卫生员给包上，人民生命财产重要，个人安危不值得考虑……

1963 年 12 月 21 日

一个人离开了党和人民，那将一事无成。一个人所取得的成绩应该完全归于党和人民，一个人当你完全与人民结合在一起的时候，你才能站得住。

1963 年 12 月 24 日

上午积肥，遇一拉煤的工人，他叫我帮他推车，可是我却听为问我是八八医院的不，我回答不是，那工人回头拉车走啦。过去之后，小谢说叫我帮他推车，可我听错了，却办了次不光彩的事。地排车工人对不起你，请你不要生气，我实在是听错了，没能帮你，我实在感到内疚，你走远啦，我还想对你道歉，我的心也一刻不能平静，好像做了天大的见不得人的事一样。

（注：王杰积肥的公路对面就是解放军八八医院）

1963 年 × 月 × 日

"虚心使人进步，骄傲使人落后。"越是在取得显著成绩的时候，越要看到缺点，看到薄弱环节。我们一定要戒骄戒躁，用高标准来严格要求自己。

1964 年 2 月 23 日

座座高山耸入云，我们施工为人民。

不怕工作苦和累，愿把青春献人民。

△ 王杰日记手迹

1964年3月2日

牢记：

在荣誉上不伸手，

在待遇上不伸手，

在物质上不伸手。

1964年3月13日

和我一块入伍的同志，以前进步比较慢，现在又调整了军衔，又加入了党。可我呢，还是一个党外人。看到这样，有的同志问我："王杰，入伍两年你都是五好战士，又立两次功，多次受奖，你应该是个党员了，组织为什么还不吸收呢？"入党这是我的要求，也是我努力的方向，别人能入党这说明别人条件已经具备，自己还不具备，还有工作没做到家；自己没入党，不埋怨别人，不埋怨党，是我做得不够，今后加强学习，争取做个党员。

1964年4月14日

手烫伤九天啦，我没有停止工作。我认为工作第一，个人的私事是小事，个人利益应当服从党的利益。

昨天军医叫我下山治疗，没有办法，只好下山治疗。经过治疗烫伤面积2%（手占全身3%），烫伤程度2度。伤很严重，需长时间治疗（至少20天）。听了军医的话心很沉重，人最难过的是失去为党工作的机会，虽然是暂时的，但也很难过。难过也不是办法，必须振作起来，有一分热发一分光，能做点工作就做点工作，尽自己的力量做好工作。

昨天军医叫我下山治疗，没有办法，只好下山治疗。经过治疗烫伤面积2%（手占全身3%）烫伤程度2度。伤很严重须长时间治疗（至少20天）听了军医的话心很沉重。人最难过的自是失去为党工作的机会。虽然是暂时的但也很难过。难过也不是办法必须振作起来又一份热爱一份为前做实工作就做实工作尽自己的力做什工作。

（球祖 左手写的日记 1964.4.14）

△ 王杰左手写的日记

1964 年 7 月 28 日

什么是理想，

革命到底就是理想。

什么是前途，

革命事业就是前途。

什么是幸福，

为人民服务就是幸福。

1964 年 8 月 2 日

这里的天气好像顽皮的小孩子，一会儿哭一会儿笑，白天还是万里无云，晚上却乌云遮天，霎时之间倾盆大雨直倒下来，不一会儿山洪暴发，直冲得大石下翻。一夜之间，场地大变，石头冲近一百立方，坑口被堵严。看此情景，心中畏难，老天作怪，带来困难。革命战士何惧困难，愚公能搬山，战士把山穿，主席的教导，牢记心间，伟大的战士何怕这点困难。

1964 年 9 月 10 日

家庭三番五次地来信催我结婚，可是我主意已定，说什么也不能丢掉党的事业去处理个人问题。我现在还年轻，再晚几年结婚也不迟，在青年时代把精力放在党的事业上，要多为祖国做一点工作，把自己的力量全部献给祖国的社会主义建设事业。

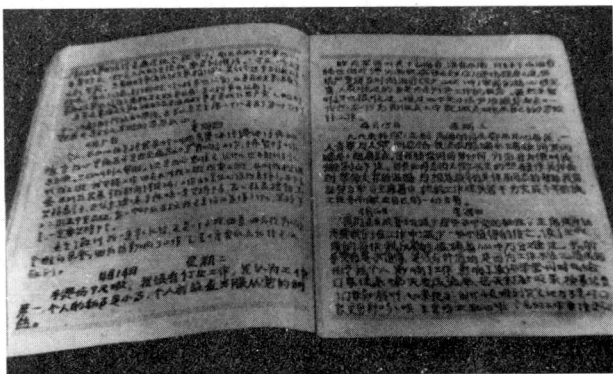

1964 年 9 月 16 日

时间一分一秒都是宝贵的，一点时间都不能浪费掉。如果把时间白白浪费掉，一生虚度年华，怎能对得起革命的烈士呢？

1965 年 2 月 14 日

自从开展了郭兴福教学法以后，我的脑子里整天考虑，科目内容如何教好？如何教练出硬功？就拿这道路训练来说吧，道路测区半径转角要计算，文化水平高的可以计算，文化水平低的就难以掌握，这就必须想别的办法，使每一个同志都能吃饱。这样，就整天练习想方法，大部分休息时间都用上了，还是感到时间少。前天晚上作业到十二点，回来又计算到一点半。白天，为改装水准仪用于夜间作业，一大早就起来，一直搞到吃饭还没搞好。下午洗澡只用了十五分钟就又回来安装，一心只想把学教好。电影也看不下去，前天四好、五好、三手开会，晚上电影晚会参加开会的人每人一张票，可是自己让给了别人，留在家写笔记，今天上午看电影，看了一半就又回来写笔记，不知为什么，我的心全用在了教学上。

1965年5月1日
血　书

坚决支援越南的斗争，我要当一名志愿军！

王杰

为了保卫祖国，为了保卫东南亚，为了支援兄弟的越南人民，为了保卫世界和平，我志愿参加中国人民志愿军，和越南人民军一道打击美帝侵略者，直到整个亚洲、整个东南亚，没有一个美国鬼子为止，我始终不渝地遵守我的誓言，就是把生命献出也在无不惜。

（注：这是1965年5月1日王杰听战备动员报告后写的血书和一段话）

1965年5月1日

我们要一不怕苦，二不怕死。做一个大无畏的人。

1965年7月13日（生前最后一篇日记）
加　油

四好五好花正浓，
一年又比一年红，
新的一年更跃进，
跃马横戈向前冲。
半年初评"加油站"，
检查评比把"油"添，
分秒必争学"毛著"，
如同紧握方向盘，
眼前道路更宽广，
步伐更快永向前。

→ 图说王杰事迹

★ ★ ★ ★ ★

1964 年 4 月，王杰在一次施工中手被烫伤，但他坚持用左手练习写字，写看书学习的心得。（天津美术出版社创作组作）

王杰对战友非常关心。一次在野营行军八十里后，为了让大家休息好，他从半夜站岗一直到天明。又一天拂晓下岗回来，他把全班洗脸盆都打满了水。（崔开玺 张国宝作）

有一天王杰拉着板车去领粮食，在路上遇到一位年老体弱的老大娘，王杰请她坐到车上，一直把她送到家中。（天津美术出版社创作组作）

一位新战士把一双破袜子扔掉了，写信叫家里寄双新的来。王杰知道后，替他捡回来，拉着他坐下一起把袜子补好。（董辰生 作）

连队冒着大风雪修桥，干了一天，战士们的棉衣全打湿了，晚上大家都很疲乏，把湿衣服往火边一搭，就睡着了。王杰坐在火堆边，拿起棉衣一件件烤干，等烤完全排最后一件湿棉衣时，已是夜里三点多钟了。（天津美术出版社创作组作）

1963年8月，部队去抗洪。一天夜里，王杰所在的部队去运木料，夜色茫茫，洪水一片，王杰勇敢地在水中摸索，为大家探出了一条安全的通路。（崔开玺 张国宝作）

1965年1月师工兵科在徐州佟村坦克教练场组织教练员集训。一天下午，教员季家祥布置王杰担任示范班班长，第二天教"敌前沿前设置防坦克雷场"。王杰为了教好这一课，提早在下半夜起床。这个科目是卧姿进行，他冒雪卧在雪地里，打着手电，边修改教案边实际操作。由于他认真准备，第二天上午王杰教的示范课受到季家祥和战友们的好评。（崔开玺 张国宝作）

1965年5月1日，王杰听了部队的战备动员报告后，心情激动，向部队递交决心书，要求参加抗美援越斗争。（洪炉作）

1964年夏天的一个深夜，王杰被雷雨声惊醒。他想起工地还放着油桶、木料及施工器材，连雨衣也顾不上穿，迎着暴风雨奔向工地，在山洪中奋勇抢救。他和后来的两个战士奋战了几十分钟，终于将工地上的各种器材全部运到安全地带。（胡焕文作）

1965年的一天，王杰和班里的同志在坦克教练场进行作业。地硬如铁，一锹下去挖不了多少土，还震得手生疼，有的同志就想到松土中去练。王杰就问大家："战时，敌人的坦克是走硬的地，还是走松软的地？"大家心里都明白了，努力完成了作业任务。（董辰生作）

062

→ 1965年王杰的三篇遗作

⭐⭐⭐⭐⭐

我是怎样学习和运用郭兴福教学法的

（1965 年 5 月）

今天领导和同志们要我谈谈是怎样学习和运用郭兴福教学方法去训练部队的。说实在的我也没有什么可谈的。只不过是在领导的指导下教育下，在同志的支持帮助下，运用郭兴福教学法训练部队才算入了门，虽然初步摸索了一点头绪，但是由于水平不高，对军委训练方针、原则领会不深，对郭兴福教学方法学习不够。因此存在问题很多，希望首长和同志们批评指导。下面我就把学习和运用郭兴福教学法训练部队的几点不成熟的体会，向领导和同志们汇报一下。

一、首先要明确认识，提高思想

当领导告诉我担任教练员时，我思想顾虑很多，去年钻了一年山洞，对于什么是郭兴福教学方法也不知道，如何去训练部队呢？感到困难很大，对能不能训练好信心不大，领导看到我存有不少思想顾虑，指导员就给我讲："帝国主义还存在世界上就有战争的可能，如果不把部队训练好能消灭敌人吗？我们的同志没经过战争，平时不练好本领，战时能打胜仗吗？"指导员的这些话使我心里亮堂啦，信心增强啦，后来，连长又给我找来了"郭兴福教学方法材料选辑"、战斗训练和教学材料。领导这样支持我，我不搞好训练怎么能对得起首长和同志。我下定决心，努力学习各种资料，一定要把部队训练好，完成领导交给的任务。

二、我是如何领会"四会"精神实质并用于教学的

有了决心还得有实际行动，我学习了"争取做一个四会教练员"。即：会讲、会做、会教、会做思想工作。（1）会讲。首先要大胆讲话，要干脆，不能带口头语，重点要突出，贯彻少而精的原则。第一次讲时由于备课不熟，也不大胆，材料乱，一堂课下来出了一身汗。同志们反映重点不突出、内容多、接受不了，领导也指出层次不清，抓不住重点。根据同志们的反映和领导的指导。我又反复的改写教材。首先思考这一课解决哪几个问题，分几个步骤，重点是哪些，经过思考认为要解决跪姿和卧姿设雷这两个问题分几个步骤，设雷首先要选择设雷位置、铲草皮、挖雷坑、伪装，重点是铲草皮、挖雷坑和伪装。铲草皮时，没有草皮就不作重点一带而过，这样一思考就清楚的多了。层次分明，重点突出，重点的多练，时间放长。教案定好后，我就充分的准备，把课备好，时间少就利用晚上或早起带着教材、手电到野外去备课，由于准备得好，讲起课来比较流畅。同志们反映效果比以前好。（2）会做。教练员身教重于言教，做示范动作不规范，技术不过硬，鼓不起同志的练兵情绪，就拿挖雷坑来说，看来简单，不是大就是小，不是深就是浅，同志们看了认为没有可学的。为了做好示范，我就苦练基本功，除上课和同志一起练外，休息时间我也练。几天的练习，仅挖雷坑比我入伍以来挖的还多，只要自己苦练硬功夫，才能对所教的动作有深刻的体会，才能预见到常犯的毛病和应注意的地方，正确指导战士练，才能及时纠正战士的动作。刚教课时，同志们做动作找不出毛病，可是后来自己就能发现雷坑不平，连接引信不符合要求等细小的动作。及时纠正，才能把技术学好。（3）会教。就是要根据特点因人施教灵活的采取教学方法。教单个地雷一开始就下达课目，可教设雷场，体力消耗大，不把同志的劲头鼓起来就练不好。所以就把地雷重要性，向同志们作了动员，使他们认识到地雷的重要，练起来劲头就大。在教课中，还要善于启发诱导，有一次副班长张钦星为了抢速度快设雷，身子向旁边一滚就开始挖雷坑，枪离他有两公尺。看到这种情况，我就想敌人如果射击，再爬过去拿枪，射击动作不慢吗？不符合实战，我就出了一个情况："副班长，

敌人向你射击！"副班长爬过去拿枪射击，结果时间迟缓了，我就说，刚才设雷动作很快，如果把枪放在自己身边。当敌人射击时，不是能更快的拿起枪还击敌人吗？副班长知道了自己做的不合乎实战，就自动的改正了。会教，还要民主教学。大家想的办法总比一个人多，开始教课前我先把教材讲一遍，然后再做，做完一遍，就坐下来讨论。叫大家出主意，改进教学。单个地雷的埋设是边教边改最后才定下来的。前后改动五六次。刚开始两种设雷方法是分开讲，以后同志们反应可以一块讲。通过实践最后认为分开讲层次清楚不乱。同志们说我讲话时提问不明确，大家不好答。这样通过民主教学使我得到了提高，也提高了教学质量。（4）会做思想工作。刚开始我也不知道如何去抓。不能及时表扬好人好事，广树标兵激发大家练兵热情。通过民主教学使我知道了它的重要性，在练习时就注意做思想工作，好的同志及时表扬，通过树标兵，很快就掀起了后进赶先进，先进更先进的练兵高潮，所以作业中同志们的精神始终是饱满的。

三、我在教学中是如何体现郭兴福教学方法的

郭兴福在教学中是带着情况、带着任务、带着仇恨、带着问题去练兵的。我如何在教学中体现出四带呢？军委提出训练部队要从难从严，以实战出发去训练。我们这些都是未参加过战斗的人，战争到底是个什么样子也不了解，为了带着敌情练兵我就反复地学习毛主席的军事论文和有关材料。懂得了战争是互相残杀的怪物，情况是复杂的也是千变万化的。只有平时多练几手，战时才能更好的消灭敌人。因而在训练中就出各种情况叫同志们处理，启发同志们的阶级仇恨叫战士带着仇恨练兵。敌情观念不强。就出：敌人射击。叫他注意观察敌人。出手负伤、锹柄断、敌照明等情况。使同志们平时练习带敌情，带仇恨练兵。战时就能消灭敌

人。使同志们懂得打仗时应该怎么办，不应该怎么办，一般情况下应该怎样办，特殊情况又应该怎样，所谓带着任务和问题练兵就是训练不是盲目的，而是有的放矢。我们是工兵，我们的任务就是埋地雷、排地雷，它是我们二百米的硬功夫，就要求同志们反复练，真正把本领练硬，在练的过程中就叫同志们多想办法自己去克服困难，解决问题练好技术。

四、我是如何以"三练"来训练部队的

部队训练首先要练思想、练作风、练技术，以思想带动作风和技术，在训练中我们始终坚持毛著学习，在集训时我们的时间很紧，每天只有在家吃饭的时间，吃完饭就练，同志们劲头很大。同志们的劲头再大，如果不做好思想工作，这种劲头不会持久的，为了贯彻始终就利用晚饭后的时间学习毛著，着重学习了《为人民服务》、《纪念白求恩》、《愚公移山》、《中国社会各阶级的分析》、《将革命进行到底》五篇文章。任务再紧也要坚持，白天作业，晚上也要利用一个多小时的时间学毛著做思想工作。由于思想工作做得好，在天冷地冻的情况下能完成任务，在腰酸腿痛的情况下能坚持作业，在下雨、下雪的天气能照常练武。除了坚持毛著学习还要善于用主席的教导去启发诱导同志们做思想工作，在困难的时候就用主席说的："在困难的时候要看到成绩，要看到光明，要提高我们的勇气。"要拿出愚公移山的精神去克服它，在看到同志练兵不认真时就启发同志们向白求恩学习"对待技术精益求精"。练作风首先教练员的作风要过硬，站在队前要立正站好，不能乱动，手不能乱比画，教练员如果队列动作不好，就不好要求同志。教练员要求部队要一丝不苟，处处注意作风的培养，站队、集合、作业，都要求同志动作紧张，作风过硬，发现问题及时纠正。但是练作风主要的还是以思想去带，动作慢了就讲动作慢的害处。战时就会失掉战机，使同志们从思想上重视作风的培养，要养成自觉的习惯。练技术同样要思想挂帅，使同志们懂得技术不过硬，战时就不能很好地消灭敌人。平时不多练几手，就不能完成任务。为了练技术，我就出情况：一只手在受伤的情况下如何挖雷坑，如何连接引信。练习的时候，我就找复杂的地形练，硬地练，白天练晚上练。因而技术提高较快。

五、我是怎样用主席的思想教学的

为了用主席的话激发同志的练兵情绪，学习主席的军事著作，学习工程兵的战斗条令。教学有了成绩就用主席的"虚心使人进步，骄傲使人落后"的教导，防止产生骄傲自满情绪，在训练中就是这样用主席的思想教学的。以上就是我学习和运用郭兴福教学方法的几点不成熟的体会，我的思想、作风、技术还不过硬，还存在不少的缺点，我还要向你们学习。如果说我在教学上取得一点成绩的话，首先应归功于党归功于领导，归功于同志。至于我个人还存在着很多缺点，今后我一定要继续向郭兴福和郭兴福式的教练员学习，努力进步，为我军的建设贡献自己的力量。

水上练功

自编自演对口词（1965年6月下旬）

三排长：冯明臣

五班长：王　杰

甲：山，青青的山。

乙：水，绿绿的水。

甲：高山巍峨，密林丛丛。

乙：水网密布，江河纵横。

甲：我们，

合：人民解放军。

乙：国防线上的哨兵，

合：捍卫祖国，担子繁重。

甲：当前，美国佬仍在越南玩火，

乙：妄想在我国发动战争。

甲：我们要百倍提高警惕，

乙：练就杀敌的本领。

合：对！练就杀敌本领。

甲：我们伟大领袖毛主席发出号召，

乙：到江河湖海学游泳，

甲：在大风大浪里练本领。

乙：毛主席，我们向您保证，

合：要练成闹海蛟龙。

甲：趁此良机，

乙：分秒必争。

甲：乘风破浪，

乙：苦练水上硬功。

甲：为革命，

乙：排除万难。

甲：为打仗，

乙：不畏艰险。

甲：以主席思想，

乙：作行动指南。

合：毛著天天看。

甲：战略上藐视敌人，

乙：战胜困难有信心。

甲：战术上重视敌人，

乙：突破难点树雄心。

甲：冒酷毒烈日，

乙：顶惊涛巨浪，

甲：把困难踩在脚下，

乙：把艰苦视为乐荣。

甲：带着复仇怒火，

乙：带着国际主义精神。

合：练！练！练！

甲：练过硬的思想，

乙：练克敌制胜的本领，

甲：练坚韧不拔的意志，

乙：练英勇顽强的作风，

合：思想、技术、作风过硬。

甲：陆地是猛虎，海上赛蛟龙。

乙：攻无不克，战无不胜。

合：敌人哪里来，就在哪里消灭净！

民兵训练

（1965年7月2日）

当我听到领导叫我担任辅导民兵训练的消息以后，我既高兴又感到压力不小。高兴的是现在我军正开展轰轰烈烈的向地方学习，今天我有了向地方民兵同志学习的好机会。这对我今后的工作将会有更大帮助，这怎能不高兴。所感到压力不小是因为我入伍时间不长，军事知识懂得少，也就更谈不上精通。因此说在学习中不能满足民兵同志的需要。今后的学习只不过是我在前面引一个路当作向导。路还是要靠大家走，大家互相学习互相提高，发现问题及时指出和批评。

一、我们所训练的课目就是地雷

什么是地雷大家可能都知道，就是一种设在地下（上）具有杀伤破坏作用的爆炸武器。地雷在抗日战争和解放战争中，是我军和民兵群众广泛使用的武器。地雷构造简单，携带方便、威力大是消灭敌人的有力武器。地雷战是抗日战争时期，我党领导敌后人民普遍开展的一种积极对敌斗争的手段，在长期斗争中，积累了丰富经验和智慧，采用"雷枪结合、金钩钓鱼、送雷上门、使地雷长腿"等妙法，炸得敌人寸步难行，大大地打击敌人的士气，民兵巧妙的利用石头箱子、桶、各种家具器皿在道路上、门上、窗上、房子里、各种物体上设置地雷，使敌人碰哪炸哪，配合我军有效的杀伤敌人，在现代战争中，我国虽然有了原子弹和其它尖端武器，但地雷仍是不可缺少的武器，同样是很重要的，我们地雷战的光荣传统同样要发扬下去。因此我们民兵同志应该学会埋雷和排雷的本领，如果敌人胆敢进犯我国，我们的民兵游击队和人民群众就同军队一起大摆地雷阵，使敌人有来无去。

二、地雷常识介绍

地雷一般是雷壳、装药、发火装置（引信）三个部分组成，雷壳是用以盛装炸药，安装发火装置传递压力，用以产生破片杀伤敌人，装药是起杀伤破坏作用的主要因素，它的种类和数量，直接关系到地雷的威力大小，发火装置是使地雷爆炸的一种装置，由于装置的形式不同，地雷的发火方式也就不同。

地雷按制作分：制式和应用的两种，也就是我们所学的有 51 式防坦克地雷，绊发防步兵地雷和应用地雷。时间的安排：51 式地雷的设置、排除和绊发地雷的设置和排除 18 小时，应用地雷 12 小时。

理论讲解：51 式地雷、绊发地雷的性能构造。

51 式性能：炸敌重型坦克。

构造：木质方形雷壳（长 32 厘米，宽 28 厘米，高 16 厘米）内装梯恩梯或硝铵炸药及 51 式压发引信组成。

1.雷壳　2.雷盖　3.传压板　4.中央压板　5.压帽　6.木栓　7.装药　8.隔板　9.炸药　10.引信　11.锯痕　12.提环

爆炸原理：当地雷上受到一定的压力（通常 200 公斤以上）雷盖即从锯痕处折断，中央压板将压力传给引信压帽，使引信发火，引起地雷爆炸。

59 式绊发地雷的性能：炸敌步骑兵。

构造：雷体装药引信，控制椿固定绊线（6~7 米）。

爆炸原理：当绊发受到 0.5~1 公斤拉力时，拉发椿即被拉出击针失去控制冲击起爆致使地雷爆炸。

永恒的丰碑

→ 电话事故报告

★★★★★

1965 年 7 月 14 日上午，坦克二师司令部值班室接到在邳县张楼野营游泳训练的工兵营电话事故报告：该营一连五班班长王杰在今天早晨训练民兵时牺牲了。师长杨金山、政委史世屏立即主持召开团长、政委和直属营领导参加的紧急会议，通报工兵营的电话内容，要求所属部队加强安全工作。

因邳县和师部相距百里，师党委立即派师政治部主任刘德一前去查明事实，进行处理。刘德一带着师直工科干事陈竞乘火车从徐州直奔邳县，在张楼驻地看到全连干部战士为失去平时被誉为"活雷锋"的王杰而沉浸在悲痛之中。连队黑板报上，都是悼念王杰的文章。他看望了民兵和民兵家属，他们流着眼泪诉说："要不是王教员扑上炸点，我们要伤很多人！"对王杰舍己救人的英雄事迹，当地人民群众强烈要求部队领导给王杰记功。

工兵营周循政委在连队卜交的遗物挂包里发现了一本厚厚的十万余字的日记。他读了十分感动（王杰生前战友张乃真在王杰牺牲当天，看到周循拿着王杰日记在院子里一边走一边自言自语：这个同志真了不起，日记太感人了），交给了刘主任。刘主任读后感到字里行间洋

072

溢着王杰一心为人民的崇高思想。

当天，邳县人武部领导来到坦克二师，反映邳县人民群众的请求，将王杰安葬在邳县张楼。部队党委同意了人民群众的请求。7月15日上午，工兵营和当地数百名群众参加了葬礼。

刘主任在工兵营、连深入调查，走访慰问了民兵和民兵家属，几天的奔波，获得了"第一手"资料，决定坐火车返回部队向党委汇报。

→ **崔毅建议要把王杰作为一个大典型很好宣传**

☆☆☆☆☆

7月18日，刘德一在回师部的火车上，恰巧遇到济南军区政治部青年部副部长崔毅（后为国防科工委副政委、中将）。刘主任怀着激动的心情，把王杰牺牲的前后经过向崔毅讲述了：

6月下旬，坦克二师工兵营到邳县张楼进行游泳训练，应邳县人武部的请求，工兵营派一连五班长王杰担任张楼民兵地雷班教员。

7月14日王杰与民兵进行地雷实爆训练时，在炸药突然发生意外爆炸的紧急时刻，他毅然扑向炸点，保护了12位民兵和人武部干部的生命安全，王杰壮烈牺牲。

"我去处理这个事故，紧张工作了好几天……。"说到这里，刘主任好像心里有种东西憋得很难受的样子。

停顿片刻，他便讲述了处理这起"事故"过程中的一些见闻。参训的人武部干部对他说："王教员教学认真细致，处处以身作则。事发当天早上授课前，王教员还单独做了两次雷管连接拉火管试爆，都是安全成功的。没想到授课时发生了意外。"参训的民兵说："王教员是为了救我们才牺牲的，他是我们的救命恩人。"民兵的父母们说："王教员是为了救我们的儿子才被炸死的，请部队上给王教员记大功。"群众强烈请求："王教员是为救我们张楼的民兵牺牲的，应该把王教员埋在张楼。"应当地群众和政府的要求，部队党委同意将王杰安葬在牺牲地点。下葬那天，数百名群众自发地为王杰送行。王杰的坟墓上摆了好几层群众送来的鲜花。

两人沉默了片刻，刘主任告诉崔毅："在清理王杰的遗物时，看到了他的日记，内容十分感人。"随后，刘主任把带着的王杰日记念了几段给崔毅听。崔毅回忆印象最深的有两段，一段是：当兵是为人民、为党、为祖国而来的，党指到哪里就冲到哪里，就是需要献上青春也没有怨言。一段是：我们要一不怕苦，二不怕死。做一个大无畏的人。刘主任还把他访问民兵及亲属时，他们哭着讲述王杰平时所做的好人好事，也讲给崔毅听。

此时，一种强烈的责任感在崔毅心中涌动。他想，自己是青年部的领导，做的是青年工作，宣传先进典型是自己的重要职责。于是，越听越感到这事重要，越感到重要就问得越细。从刘德一口里得知，王杰是山东省金乡县人，1961年8月入伍，1962年2月加入共青团。生前在执行训练、施工和抗洪抢险任务中，以雷锋为榜样，处处严格要求自己，刻苦学习，无私奉献，曾两次荣立三等功，被评为学习毛主席著作积极分子和模范共青团员。

崔毅边听边想，如果单从炸药包发生爆炸并死了人的角度看，这是个难以预料的突发性事故，但是，如果把王杰平时的表现和危急时刻的举动联系起来看，这不是个一般意义上人们常说的那种责任事故。于是，他态度很鲜明地对刘主任说："这恐怕不是个一般的'事故'，王杰的举动是英雄行为，应该是伟大的共产主义战士。"

刘德一说："按照事故上报不过夜的规定，事发的当天，工兵营和师里向上报的都是事故。"

崔毅思索了一下，很果断地对刘德一说："上报了，也可以改过来，要实事求是，尊重事实嘛。"

为了充分说明自己的观点，崔毅联系欧阳海的事例和刘德一进行分析："任何事物都具有双重性，关键是我们怎么看。军马在铁路上突然惊了，这时一辆载着乘客的列车飞驰而来，如果欧阳海不顾乘客安全，自己撒手躲开不管，让马在铁路上与火车相撞，后果不堪设想。但欧阳海在这最关键的时刻，不仅没有后退，而且用身体将惊马推出铁轨外，列车和军马都安全脱险，自己却牺牲了，因此他就是一个人民的英雄。同样，这件事也要全面地看。炸药包突然爆炸是个难以预料的突发性事故；但是，在即将爆炸的瞬间，王杰没有后仰，而是扑向炸药包，牺牲了自己，保护了他人，这就是舍己救人的英雄壮举。"

刘德一点了点头，接受了崔毅的观点。

两人聊着聊着，列车缓缓驶入了徐州郊区。崔毅凭着强烈的政治敏感性和工作责任心，对刘德一讲了三点意见。

一、从目前掌握的情况看，王杰这件事不能简单地认为是事故，在关键时刻王杰表现出的是英雄行为。

二、建议坦克二师重新研究，根据实际情况再写个报告上报。

三、王杰的日记很好，一定要保存好。最好把日记搞成三个版本：一个版本是原文一字不动、一篇不删地印出来；

第二个版本是详细摘要；第三个版本是把其中最关键、最精彩的部分摘录出来。

刘德一答应说："我回去一定尽快照办。"

讲完后，崔毅感到事情非常重要，随即改变了回济南的行程，从徐州下车，来到了坦克二师。

师直工兵营就在招待所旁边。崔毅刚要进招待所，便听到有人喊："崔科长来了！"他抬头一看，是坦克二师工兵营的一名战士。1963 年夏天，天津暴发特大洪水，坦克二师工兵营奉命去执行抗洪救灾任务，此期间很多战士得了痢疾，被送进济南军区总医院治疗。崔毅当时也患了痢疾，与工兵营的病号同住一个病区。那年崔毅 33 岁，又是做青年工作的科长，与战士病友们天天见面，彼此混得很熟。

那个战士见崔毅来了，立即通告了那次住院的留守在营房的病友们，不一会儿就来了好几个。其中有的战士还是王杰生前所在连队的。崔毅问他们：听说你们这里出了一起事故，还炸死人了，你们知道吗？

战士们纷纷说："知道，王杰班长一直是模范，他牺牲了大家很难过，几天都吃不下饭，睡不好觉。"有的战士讲，他平时认真学雷锋，扎实做好事，总把方便让给别人，把困难留给自己。有的战士讲，王班长带头钻研军事技术，苦练杀敌本领，是个训练标兵，当班长后，很快成为优秀教练员。还有的战士讲，前年到天津参加抗洪救灾，王杰总是冲在最危险的地方，争着干重、最累、最苦的活，受了伤还继续奋战不懈，坚持到最后胜利。大家七嘴八舌地讲了许多王杰关心集体、助人为乐的感人事迹，讲着讲着，有些同志流下了眼泪。

崔毅听后，更加坚定了自己的看法。纵观王杰年轻的生命历程，半时他表现得很突出，生死关头他又挺身而出，经受住了考验，是一个比较全面而过硬的典型。此时，王杰已在崔毅的脑海里形成了一个明晰的印象：这个典型太重要了。

坦克二师政委史世屏听了刘德一主任的汇报后，去招待所看望崔副部长。崔毅把自己对王杰的看法和向刘德一主任讲的三点意见，又重复讲了一遍，史政委表示同意。

回到济南军区机关后，崔毅觉得这是一件大事，要尽快向领导反映。当时，军区主要领导在青岛开党委扩大会。他就给军区政治部主任李耀文写了一个简短的报告，请去青岛送文件的人呈送李主任。报告中提出，王杰是一位舍己救人的英雄、伟大的共产主义战士，应该作为一个大典型很好地宣传。

7月30日，李耀文主任的秘书从青岛打来电话，说李主任把王杰的情况向军区首长作了汇报，对报告作出了批示：同意崔毅同志的意见，准备讨论王杰的宣传问题。李主任的批示同时传达给了军区装甲兵。按照政治部的分工，由青年部负责筹划提出宣传王杰的方案。

为使掌握的材料更充实、更准确，又派军区青年部干事王永峰、宣传部干事吴云龙，会同军区装甲兵政治部秘书王洪才、坦克二师政治部青年干事傅庆徐组成4人调查组，进行调查。

★★★★★

生死关头，奋不顾身

1965 年 6 月 20 日，坦克二师工兵营到江苏邳县张楼进行游泳训练。6 月下旬，应邳县人武部请求帮助训练张楼公社民兵。县人武部侯振林参谋、公社人武部张成高部长和工兵营许希仁副营长研究制订了地雷班训练计划。工兵营派一级技术能手、优秀教练员王杰担任地雷班教员。

7 月 2 日，张楼民兵地雷班开课，王杰先后教了三种地雷：五一式防坦克地雷、五九式绊发地雷和应用地雷。

7 月 14 日训练科目是绊发防步兵应用地雷实爆，这种地雷要求瞬间爆炸，杀伤敌人，所以不能加导火索。雷管与拉火管直接连接，这种方法在抗日战争期间已广泛使用，60 年代的训练大纲有这种科目。为确保实爆安全无误，那天早晨，王杰独自跑到几十米外的水渠旁，按照操作规范要求用拉火管连接雷管试爆两次，都是成功的。约 7 时 30 分，炸药放入坑内，王杰边操作边讲解。突然，炸药发生意外，在千钧一发之际，民兵们看到王杰猛地扑向炸药包，用身体保护了 12 位民兵和

△ 1965年8月5日，调查组在王杰牺牲现场按民兵原来位置进行实地调查

人武干部的生命安全，自己壮烈牺牲。

爆炸现场验证

爆炸形成的冲击波把王杰整个身子抛出地面一人多高，王杰遗体被掀到其作业位置的后方，头距炸点 2.1 米；脚距炸点 3.7 米。这是他身体往前扑，重心对准炸点而被甩出去的，如果原姿势未动，只能被冲击波原地冲向后倒，不可能抛出二至三米，更不可能把身体倒转过来。五名受轻伤的民兵身上都有王杰同志的碎骨，这就更证实了王杰以自己的身体盖住了炸点。（坦克二师工兵科科长田永泰、工兵营营长丛英达在王杰牺牲现场，第一时间测量、调查所获数据）

12 条汉子的泪水

调查组来到民兵训练的现场进行勘察拍照之后，又分别找 12 名参训人员逐一作了调查，听民兵们哭着讲述了亲眼看到王杰扑向炸药包，牺牲自己、保全别人的动人情景。在县医院看望唯一受重伤的罗汉瑞时，他激动地讲自己当时正站在王杰旁边，如果不是王杰用身体盖住炸药包，自己丢掉的恐怕不是一条腿，而是一条命。受轻伤的民兵，一

边摸着自己的伤口，一边哭诉着说：身上崩的王杰的遗骨，当时都想留作纪念，不想叫大夫取出，因为我们身上流着英雄的血啊……

官兵哭王杰

乌云翻腾，上天为英雄强抑泪水；哀声不绝，大地为王杰深深叹息！

一天，整整一天，连队官兵没有咽下过去一顿的饭量。

极度的悲哀，笼罩着工兵一连每个官兵的心头。

连长刘德林在王杰牺牲现场，看到王杰沾满鲜血的身躯，长时间悲痛不已，几次哭昏过去，他被通讯员杨振修架着回到连部。连队各班组纷纷写悼念王杰的文章，一致要求上级党委追认王杰为共产党员。

调查组从官兵们一阵阵悲泣中听到了王杰生前的"一不怕苦，二不怕死"的感人事迹。

季家祥实爆试验

调查组又专门找几个老工兵专业干部进行研讨，从拉火管发火到点爆雷管，雷管再引爆炸药爆炸，虽然时间是短暂的，但是作为一个熟练的作业手，可以利用瞬间的时间往前猛扑，舍己救人时间是来得及的；若为不炸伤自己往后一仰，也是来得及的。调查组为了查证王杰在炸药爆炸的瞬间扑向炸点的情况，决定进行现场实爆试验。

实施实爆者是具有丰富爆破经验的季家祥。他1956年入伍当工兵，1958年入洛阳工程兵学校学习。1961年毕业后，在坦克二师坦克三团工兵连任副连长，长期负责军训工作，在师工兵教练员集训队是王杰的教官。8月上旬，师工兵科田永泰科长在大操场东南角组织实施实爆。季家祥用拉火管连接好雷管后，按照王杰原来操作的程序、操作的姿势，一腿跪着，一腿蹲着，他把拉火管拉开后身体往后一滚，雷管"啪"的一声爆炸，季家祥安然无恙。倒是在五六十米外观看试验的一位调查组同志被雷管爆炸飞出去的一个小碎片击中鼻夹，鲜血一滴一滴地流出。通过季家祥的实爆试验，证实了王杰在短暂的瞬间扑向即将爆炸的炸药包是完全可能的。调查组又请教济南军区工程兵的专家，也得出了相同的结论。调查组在多方调查中，证实了这是一次意外爆炸。

调查组一致认为：王杰是一位优秀的教练员，一级爆破能手。在炸药即将爆炸的危急时刻，他只要往后迅猛一仰，以避开炸药包爆炸时形成的 45 度最大杀伤角，完全可以保全自己，但他却放弃了自救，毅然扑上炸点，献出了宝贵的生命，是军队的荣光，子弟兵的骄傲。调查组初步整理了王杰同志"一不怕苦，二不怕死"的感人事迹。

调查组向济南军区报告了上述情况。

→ 英雄震撼了军营

★★★★★

济南军区政治部主任李耀文（"文革"后任海军政委，上将）看过调查组与济南装甲兵政治部的报告后，又让军区工程兵派通晓地雷与爆破的专业技术干部来了解情况。某工兵团参谋长吴宇宽详细介绍了这种应用雷的组装、构造与特点，一一回答了李主任的提问。李主任完全赞同军区装甲兵和坦克二师两级党委对英雄王杰的发现与认定。他先后从青年部、宣传部、组织部派出大批干部以及军区前卫报社、歌舞团的编创人员到坦克

△ 获救的民兵和人武部干部

二师组织、指导对王杰的宣传。李主任到工兵一连看望干部
和战士，勉励大家学习、继承、发扬王杰精神，人人争做王
杰式的先锋战士。他还来到由军区装甲兵和师机关组成的
宣传组，对他们前一段所做的工作给以鼓励，要求大家更加
细致地调查研究，把英雄战士王杰闪光的事迹更好地挖掘
出来，精挑细选，字字推敲，宣传好这一重大典型。

　　王杰是英雄，是丰碑！颂扬之声传遍了军营，军营沸腾
了！

　　9月10日济南军区装甲兵政治部副主任张俊西（当时无
主任）率宣传王杰工作组来到坦克二师。

　　坦克二师迅速成立了宣传王杰事迹办公室。由政治部副
主任张赞负责，下设秘书组、报道组、宣传组、接待组。古
光成、田焱、沃信康负责对外报道宣传王杰事迹。陈学源、
许志坤、潘玉琛、傅庆徐组织文艺宣传队和王杰烈士事迹
展览。原工兵营政委因身体原因在王杰牺牲前已确定转业，

任命师机要科科长李怀礼为工兵营政委。为了加强连队工作和接待，除时任连长刘德林、政指余济亮外，增派董士顺、金奎全也任工兵一连连长、政指。坦克二师政治部遵照军区"一字不动，一篇不删"的指示，全文打印了十余万字的王杰日记上报下发。

9月20日，中共坦克二师党委作出"关于追认王杰同志为中国共产党党员的决定"。

9月24日，在张仁初同志的主持下，召开济南军区党委常委办公会。军区装甲兵童邱龙副政委和崔毅列席参加了会议。童副政委汇报了军区装甲兵宣传王杰的情况，崔毅汇报了军区政治部提出的宣传王杰的方案。会议认为：王杰同志在突发事故的紧急关头，表现出了奋不顾身、舍己救人的高尚品质。这种品德和精神应很好宣扬。会议决定，要在全军区广泛深入地开展宣传学习王杰的活动。

9月26日，在坦克二师大操场隆重举行了有军委装甲兵、济南军区、济南军区装甲兵和山东省、江苏省、江苏省军区、六十八军、徐州地委、徐州市、徐州军分区、金乡县、邳县等领导干部战士七千余人参加的王杰烈士追悼大会。

10月中旬，由解放军报社传来了罗瑞卿总参谋长的指示：要坦克二师汇报王杰四个方面的情况。一是王杰训练民兵时牺牲的具体情况；二是入伍以来的一贯表现；三是这样好的战士为什么没有入党，没有提干；四是有哪些经验教训。二师召开党委常委会研究汇报内容，济装政治部副主任张俊西参加会议，由马玖处长执笔写汇报材料。对王杰没有入党问题是这样检讨的：王杰已经列入发展对象，工兵营派干部到王杰家乡作入党家庭情况调查，发现是上中农成分，当时对发展上中农家庭成分的战士入党是非常严格的，需要长时间的考验并报上一级党委。由于我们工作作风不深入，对这样优秀的战士生前没有发现，又没有保护好，教训是非常深刻的，我们向上级领导检讨，向全国人民检讨……通过解放军报社向罗总长的汇报是在六十八军作战室电话传送的。罗总长看过汇报材料后十分激动，对王杰的日记、模范事迹给予很高的评价，随即向军委、中央作了汇报，党中央很快作出了"要在全军、全党、全国像宣传雷锋一样宣传王杰"的重要决定。

→ 王杰为什么生前未入党

★★★★★

　　王杰 1961 年 8 月入伍来到坦克二师工兵营一连。1962 年 2 月加入中国共产主义青年团。入伍后连续三年被评为五好战士，两次荣立三等功。先后被评为学习毛主席著作积极分子、模范共青团员、一级技术能手、优秀教练员。这样一位优秀的战士为什么在生前没能入党呢？

　　王杰牺牲后，济南军区组织部派黄建中同志作了专题调查。事实是：工兵一连党支部和工兵营党委根据他的表现，早在 1963 年就把王杰列为党的发展对象。后来营部派了一位干部去王杰家乡调查。这位干部工作作风比较简单，来到金乡县城关公社华堌大队，当时正逢大队干部在开会。他就请大队支书出来，也没有坐下来详谈，只是立在桥头，听到支书讲"王杰家庭出身中农，解放前有二十多亩地"就匆匆回来了。黄建中后来问到这位调查干部，他说："当时我听到'二十多亩地'脑子里就'嗡'了一下，认为这已经不是中农、上中农的问题了，回来后匆匆写了个材料，向营党委作了汇报。"

黄建中又专程到华塿大队，经过实地走访，才知道那里到处是盐碱地，收成少，群众生活很困难。而县里土改时王杰祖父母健在，王杰父亲和伯父、叔父还未分家，第三代子女又多，因为生活艰难，王杰的父母不得不在1958年迁到内蒙古安家谋生。正如王杰在1964年3月4日日记中写的："我出身在中农家庭"、"从我记事起我们的家庭生活就不好，父亲分家另住后，我们每年都缺粮，向别人借粮，向公家贷款，吃救济粮"、"自己没有加入组织是自己不够条件，虚心检查自己才对，而不应光看别人，今后一定听毛主席的话，虚心学习，加强修养，为了加入党，我愿把一切献给祖国"。王杰生前没有入党，主要是"左"倾思想和唯成分论的影响。当时在部队里上中农家庭出身的战士入党是非常困难的。牺牲前几个月，王杰看到《解放军报》上发表的《正确对待上中农出身的同志的入党问题》文章后，高兴地向战友魏文琦说："看来我的入党问题有希望了。"

据王杰生前所在连连长刘德林介绍："王杰牺牲的前几天，连队支委会开会同意按手续发展王杰加入共产党。准备找他谈话。谁能料到他竟在这个时候牺牲了，王杰没有看到这一天，我们都很难过，他牺牲后连队战士自发写板报，要求追认王杰为中国共产党党员。"

9月20日，根据王杰的表现和生前请求，坦克二师党委追认他为中国共产党党员。

→ 我两次参加王杰追悼会

★ ★ ★ ★ ★

　　我作为王杰昔日的同学、战友，亲身参加了两次王杰追悼会，每每想起，我思绪澎湃，感慨万千。四十多年前追悼会的场景历历在目，使我终身难以忘怀。

　　1965年7月14日，王杰牺牲后，当地村民自发地举行不同的悼念活动，有的到王杰牺牲的炸点抓把土当做永久的纪念；有的怕炸坑的原貌受损，特制作木框罩上炸点保护起来，以此祭奠英雄的亡灵；72岁的龚李氏，知道王教员牺牲的消息后，她为王杰买了"两刀纸"，说是给王杰送钱去，她哭着说："王杰是救咱死的，他是个好人，好人死了跟活着一样，要花钱，王杰家远没钱用，我给他烧钱……"张张祭纸，声声悲泣，寄托着对英雄王杰的无尽哀思。

　　部队党委同意邳县人民的请求，将王杰安葬在英雄牺牲地张楼。7月15日为王杰举行追悼会。

　　排长朱玉沛及王杰生前战友为王杰着装送行。在给王杰穿衣服翻动他身体的瞬间，王杰的腹部发出"砰"的一声，这是王杰扑向炸点，炸药爆炸时冲击波在胸腔残留的气体。为了给王杰多备几套衣服，战友张玉甫将自己的衣帽、军用鞋献给王杰，放在棺木内王杰的身旁，为战友献上一份爱心，在场的官兵都为之感动。

9时，天下起了毛毛细雨，王杰追悼大会正式开始，工兵营政委周循致悼词，他面对王杰遗体沉痛哀悼，高度评价王杰生前的模范事迹，当他最后讲到"王杰同志千古"时，全体指战员及自发而来的数百名村民顷刻失声痛哭……参训的民兵哭着说："王教员是为救我们才牺牲的，他是我们的救命恩人。"

　　稍后，向王杰遗体告别，当我走到王杰遗体前看到昔日的同学、战友像沉睡一样静静地躺在棺木内，我的心碎了，久久不愿意离开，我很想多待一会儿陪陪战友啊！全营官兵围着王杰棺木向王杰致崇高的军礼壮别，在一阵阵痛哭声中王杰的棺木盖棺了，全体官兵列队为王杰送葬……

　　天上翻着乌云，地上滚着哀号，王杰在战友们的悲泣声

△ 1965年秋，数万群众先后在王杰墓前哀思悼念王杰

△ 1965年9月26日坦克二师隆重举行王杰烈士追悼大会场景

中走了，他带着对事业的无限忠诚和对战友的无限眷恋走完了23年的生命历程。

这是一次悲壮的追悼会，王杰走得壮烈，王杰走得匆忙，身边没有一个亲属，我泪流满面，我万分悲痛！

1965年9月26日隆重举行七千余人参加的王杰烈士追悼大会。会场上悬挂着王杰烈士的遗像,两旁挽联上写着:"壮志凌云生如雷锋不愧为毛主席的好战士;英男献身重如泰山真正是全心全意为人民。"烈士遗像周围摆满了当地政府和部队敬献的花圈,装甲兵司令员许光达大将、政治委员黄志勇敬送的挽联是:"毫不利己实一心服务人民;临危不惧真人民英雄本色。"邳县张楼送的挽联是："训练民兵奋不顾身，壮烈堪比董存瑞；舍己救人可歌可泣，英雄再现黄继光。"

邢同立师长致悼词。他充分肯定王杰光辉战斗的一生，高度赞扬王杰一不怕苦、二不怕死的革命精神。

军委装甲兵林彬副参谋长在追悼会上讲话。他说："毛主席的好战士王杰同志，为了十二个阶级兄弟的安全，临危不惧，英勇献身，表现了人民战士大无畏的英雄气概和热爱人民的赤胆忠心。王杰同志为人民而死，他的死比泰山还重。"他用实际行动实现了自己的誓言：为党的事业忠心耿耿，为革命胜利勇于牺牲。是共产党员哪能不视死如归，做革命军人岂能管个人安危！

济南军区政治部代表崔毅在追悼会上讲话，他指出：王杰同志值得我们学习的地方很多，最根本的是要像他那

△ 金乡王杰纪念馆

样学习毛主席著作，联系实际，改造思想，长期坚持，言行一致，使自己的一生，成为学习毛主席著作的一生，成为革命的一生，成为全心全意为人民服务的一生。

济南军区装甲兵罗通政委以及 68 军政委李布德、徐州市、江苏省代表、王杰生前所在连队和邳县地雷班民兵代表分别在大会上讲了话。

王杰的伯父王廉堂在追悼大会上说："是部队培养了一个好孩子，他为大伙死得光荣。"

会上还宣读了济南军区装甲兵党委关于开展向王杰同志学习的决定。决定号召全体干部、战士、职工和家属，认真学习王杰同志的革命精神和优秀品质，像王杰那样学习毛主席著作，做毛主席的好战士；像王杰那样，以英雄模范为榜样，献身于革命事业；像王杰那样，用鲜明的阶级观点，自觉地改造思想，树立把自己锻炼成革命接班人的雄心壮志。

第二次追悼会是雄壮的追悼会，王杰是英雄，王杰是丰碑，他生的伟大，死的光荣，为战友骄傲、自豪，我泪流满面，我万分激昂！

两次追悼大会已过去四十多年，为了追思亲爱的战友王杰，2010 年 7 月，我将参加王杰追悼大会的照片奉献给金乡县王杰纪念馆。

深切的怀念

→ 王杰的未婚妻写给工兵一连的信

★★★★★

上个世纪 50 年代，金乡县的农村还较普遍地实行父母给儿女定婚的风俗。王杰的父亲出河工，挖金乡—鱼台运河，见邻村出河工的闺女赵英玲老实能干，又在县里上学，经两家父母同意，便给王杰和英玲定了婚。王杰家里非常关心他的婚事。多次来信，说母亲患病需要照顾，弟、妹尚年幼，催他回家结婚，好照顾家里，赵英玲也希望早日完婚。王杰一时有些犹豫，但后来还是认为在青春时期，应该为部队建设多贡献一点力量，不要只为个人着想。他给未婚妻和家里人写了信，让他们努力克服暂时的困难，支持自己的工作。1964 年 11 月，赵英玲从家乡来到山区看望正在施工的王杰。为了服侍患有心脏病的王杰母亲，不久赵英玲去了内蒙王杰家。

1965 年 7 月王杰牺牲，最终未能和心爱的人成婚。7 月下旬，师派工兵营干部张雁赴内蒙阿荣旗那吉屯慰问王杰的父母和王杰的未婚妻。7 月 29 日，赵英玲给工兵一连写了一封信。摘录如下：

敬爱的全体同志们：

近来您们都很好吧，身体健康吗? 精神愉快否? 工作一定顺利吧? 学习是否紧张? 关于您们的一切，我心中甚为挂念。

△ 王杰与未婚妻赵英玲

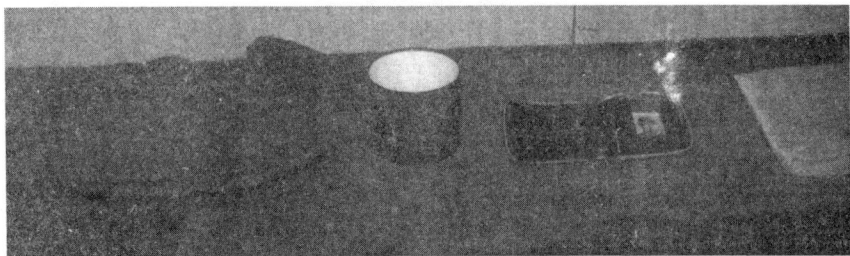

△ 王杰赠送给赵英玲的礼物：挎包、搪瓷缸、钱夹（内有王杰照片）及头巾。2005年，赵英玲将这些她珍藏了四十年的王杰遗物捐赠给内蒙古阿荣旗王杰纪念馆

在本月27号您们部队领导来此告知我们一个万分不幸的悲痛消息——那就是您们的好战友王杰同志在14号7时（上午）在训练民兵中为保护十多名民兵而牺牲了。

当我听到之后，我非常难过，难过的是我们两人永别啦，再也见不到面啦，再也不能在一块啦，再也不能谈话了。但他死的光荣伟大，有价值，有骨气，是为祖国而死的，是值得大家向他学习的，为他自豪。

悲痛、难过当然是实际情况，但是不幸的事情已经发生了，谁也不能改变过来，再伤心也是没有办法了，只有把悲痛化为革命的力量，继承他的事业。我一定不再难过啦，并且劝他的全家老少都不要难过，劝他们多吃点饭，保重自己的身体……

敬祝

全体同志工作顺利

英玲

一九六五年七月二十九日

➡ 王杰的父亲写给工兵一连的信

★ ★ ★ ★ ★

连首长及全体同志：

您们好，工作忙。我于 7 月 27 日得知我儿王杰在部队牺牲的消息，当时感到万分难过。可是又一想，我儿虽牺牲，党和政府对我无微不至地关怀，军队派来同志慰问，当地政府及场党委给予我最大安慰，在生活和其他方面都给予很大照顾，使我感到非常欣慰。王杰虽然牺牲了，我认为是光荣的，应该这样做，这是党和毛主席他老人家教育的结果，我一定把悲痛化为力量，更好地劳动，不给党和国家找麻烦，不用政府照顾我。

连首长和全体同志们，请放心吧，不要挂念我了，我生活得很好。我希望您们在党和军队正确领导下，一定要加强毛主席著作学习，提高阶级觉悟，加强练兵，争取在军事上过得硬，狠狠地打击美帝国主义，也就替我报了仇，替我的儿子你们战友王杰同志完成任务，这是我对你们最大希望了，更希望你们在党和军队教育下，不断前进，作出更大成绩，人人都是五好战士。

王杰的父亲王儒堂

一九六五年七月二十九日

→ "王杰，我把你带回家"

★★★★★

在金乡王杰纪念馆"奋不顾身扑向炸点"展区，一块正方形的玻璃板下镶着一片引人注目的暗绿色军衣碎布，上面写着"王杰血衣布片"。

这是 1965 年 7 月 14 日扑向炸点，炸药爆炸时英雄王杰身上的血衣遗物。是王杰生前战友辛庆文在爆炸现场，从王杰身上取下来的血迹斑斑的布片，他寄托着辛庆文对战友的无尽思念……

辛庆文回忆：

1965 年 7 月 14 日，我参加半年工作评比，会议是在一个大院堂屋里开的。那天，天气闷热得很，会议刚刚宣布开始，7 点 30 分许，听到"轰"的一声巨响，窗户震得哗哗响。就在这时，营部通信员丁德然气喘吁吁地跑到会场，向首长报告王杰牺牲的消息，当时我惊呆了。王杰牺牲的地方离我们开会的地方不到 300 米，我急不择路疾速翻墙而过，看到受伤的民兵身上沾着血，热气、血腥味扑鼻而来，路两旁的树杈上挂着衣服碎片，我急忙抱着王杰的头往上扶，他的胸部有个洞在流血，当时我认为王杰还活着，急忙用手紧紧捂着流血的伤口；他的左膝盖被炸碎，两只手、胳膊肘被炸掉，嘴、鼻、耳出血。这时我才发现王杰确实死了，我难过地哭了，抑制不住悲痛的泪水滴在王杰的脸上。我慢慢地将王杰放下，发现他的右腿上有一块碎布在微微颤抖（这是王杰肌肉神经的条件反射），我用手撕下这块布，小心翼翼地擦抹着沾满血迹的眼睛，王杰慢慢地合上双眼，他就这样走了。我大声地哭喊着："王杰，王杰，我把你带回家，送你走。"我一边念叨着一边把这块带血的碎布装在我上衣左边的口袋里。

我观察了现场，王杰的炸点南边就是路沟，若王杰为了求生，完全可以往后迅猛一仰，翻滚到路沟内，避开伤害。

△ 王杰血衣布片

但是他为了12个民兵和人武干部的安全，毅然扑向炸点，献出了自己宝贵的生命。

15日上午，在王杰追悼会上，我扑到棺木前看着昔日的同学、同乡、战友王杰，久久不愿意离开……王杰你一路走好！

2010年5月底，战友韩义祥给我打电话，为王杰纪念馆征集文物，这句话打动了我的心。为了纪念王杰教育下一代，捐献物品是义不容辞的责任。于是我不怕天热，翻箱倒柜，找了几次一直没有找到。后来我想起王杰牺牲时，我拿来的一块带血的碎衣片，这块带血的衣片在部队跟随我几年。退伍回家后，我把它带回家像宝贝一样把它存放起来，由于年代已久，我已记不清放在什么地方了。我把这个消息告诉韩义祥，他亲自到我家，激动地说："太好了，把家里翻个底朝天也要找到，别怕天热，为了王杰，吃点苦值得。"

天气炎热，我光着上身，钻进了黑暗的小屋里，看到了祖传的木柜。它已几十年未动了，上面有厚厚的一层土。我掀开柜子，用手一摸，一条破军裤拿了出来，又摸到底下凸凸的，从底下拿出来一个本子，我惊呆了。发现了我从部队带回家的笔记本就在这里！翻开一看，是我在1962年工兵营教导排学习爆破、防毒、架桥的笔记，这块血布就放在这里边。布上血的颜色已变黑色，形状如手掌大小。我把这一情况立即打电话告诉韩义祥。他接到电话匆匆赶来了，当他看见这块血布时，两眼饱含热泪，半天说不出话来。此时，我一边失声痛哭，一边不断地念叨："王杰，咱们又见面啦！"

在纪念王杰牺牲45周年的日子里，我找到了尘封45年的一块王杰血衣布，捐献给王杰纪念馆，我完成了45年前对王杰的承诺："王杰，我把你带回家。"

王杰的汇款单

☆☆☆☆☆

1963年10月初，王杰小学母校老师韩义俊到部队去看望胞弟韩义祥。

一天一位战士问他："韩老师，咱金乡那里毛选第四卷单行本好买吗？"他说："不太好买。"王杰说："你回去一定到书店问问，如果好买给买20本。""好，我回去一定到书店问问。"

韩老师回到家，立即到书店去询问。当时一切物质相当匮乏，女售货员李明说："你买20本没那么多，一本两本还可以。"韩义俊急切地说："我给部队战士买的，他们正急着读呢！"她说："噢，原来给部队买的，那行，可你得答应一个要求，部队可能有毛主席像章，你给要几枚。""如有的话，我保证办到。"那时毛主席像章在社会上少之又少，偶尔有佩戴者，人们争相观看，佩戴者感到十分荣幸。

韩义俊买了20本四卷单行本，每本9角，并及时给王杰寄去。王杰收到书后，将单行本发给了排内没有毛选的战友，每人一本。并将二十元钱寄给金乡韩义俊。

1965年夏天听说王廉堂老师的侄子在江苏邳县训练民兵时壮烈牺牲。时隔不久，县教育局有关人员在城关完小找到了正在上课的韩老师，叫他找找英雄王杰买毛选的汇款单据，说是宣传王杰事迹用。他听到这个惊人消息，激动地说："托我买毛选的原来就是英雄王杰。"

他从单位开了介绍信到邮局说明情况，邮局人员被英雄王杰的壮举感动了。他们立即放下手中的工作，一下来了四个人，他们从仓库里把那个时段的汇款单据全抱出来，摆了满满一桌子，他们手疾眼快，不到两个小时就找出了当年的汇款单，上面写有汇款人王杰、收款人韩义俊的签字。后来韩义俊将汇款单交给教育局的负责人，他们又将其转交给部队。

这张王杰生前亲自签署的贰拾元汇款单，尽管年代久远，单据已呈浅灰色，但是他彰显了王杰一心为革命，一切为战友，努力学习，刻苦改造世界观崇高的思想境界。王杰精神永远值得人们尊崇、敬仰。

△ 英雄王杰买毛选的汇款单据

→ 王杰与地雷班

★★★★★

1965 年 7 月 2 日，王杰随部队来到邳县帮助民兵训练，担任张楼民兵地雷班教员。

地雷班是由大大小小五个单位的人员组成的，文化程度参差不齐，军事素质差，为了统一思想，克服民兵存在的畏难情绪，王杰第一课讲的就是毛主席"人民战争"思想和关于民兵工作"三落实"的指示。他多次和地雷班班长李彦清促膝谈心，教他们一点也不要耍花架子，在训练中树立练为战的思想，他对工作高度负责，教学细致认真，态度和蔼亲切。有的同志文化程度低，一个科目讲了二三次都不懂，王杰从不厌烦，还是热情地帮助，直到学会为止。他住的地方离张楼有二里多路，每天早上一起床他就来了。

7 月份，雨水较多，可王杰风雨无阻，从来没有迟到过。有一天早上，雨下得很大，民兵们估计他可能不会来了，可是民兵刚一起床，他就出现在大家面前，浑身上下都湿透了，同志们给他干衣服他也不换，就和大家一起练了起来。

到 7 月 13 日训练告一段落，一共教了三种地雷：五一式防坦克地雷、五九式绊发地雷和应用地雷。

7 月 14 日绊发防步兵应用地雷搞实爆，王杰提前来到训练场地，为了符合实战要求，他把大家集合起来带到一条大路上训练，实爆前，他把所讲的三种地雷的课程带领大家简单地复习一遍，又讲了安全措施。然后，王杰面朝西，一腿跪着，一腿蹲着设雷。因为是第一次搞实爆，有些同志为看清楚，就走上前，前边的是蹲着，后边的是站着，李彦清就站在他左前方。

他首先把雷坑挖好，然后开始包炸药。他一边包，一边讲，炸药包好了，用绳子捆上，再安上启爆装置，用一尺多长的小细绳打母子扣，系在拉火栓上，一切准备完毕。然后把炸药包放在雷坑里，用军用锹往里埋土，刚埋了两三锹土，地雷突然发生意外。民兵们认为当时把启爆装置排除掉已来不及，把炸药包挖出扔掉也不可能，叫民兵散开更来不及。他们认为王杰是躲得开的，一是他技术过硬，还有他是跪着设雷，腿一蹬，往后一仰就可躲开。但为了掩护大家，他往前扑了过去。一声巨响，地雷爆炸。后来李彦清听到有人喊："王教员炸死了！"大家都哭了。

每年的 7 月 14 日，地雷班的民兵都要到王杰墓前举行祭奠悼念烈士活动……年复一年，已近半个世纪，王杰与地雷班的革命情结将在历史的长河中代代相传。

⊙→ 排长与王杰

★★★★★

朱玉沛和王杰都是 1961 年 8 月入伍的。因工作需要,1964 年组织决定朱玉沛到二排代理排长。那时,王杰是四班副班长。当时朱玉沛有些犹豫:王杰和我同年入伍,他的上等兵军衔提升得比我还早,我能领导好他吗?

到了二排,事实与他的想法相反。王杰第一个向他汇报了班里的工作情况,并且说:"排长,今后在工作上要多叫我干,在生活上要对我严格要求;发现我错的地方,你要狠狠地批评。不要因为是同年入伍的老乡就不好意思。"王杰的几句话是那样诚恳亲切,说得朱玉沛心里热乎乎的,对搞好全排工作的信心也增强了。

王杰言行一致,说到做到。他很注意服从领导,不管排里交给他什么工作,都是愉快地接受,坚决地执行,圆满地完成任务。

一个星期六,王杰刚从工地上装了一天炸药回来,当时因不住在一起,不知道他参加作业,排长就又派他推着独轮车跟司务长到离驻地四十余里的地方去买菜。他没有说什么，爽快地接受了任务。沿途尽是山路，返回时，天已经黑了，又没月亮，一直走到晚上十点多钟才回到驻地。

王杰不但服从领导，而且积极想办法，出点子。教案怎么订、怎样贯彻毛泽东军事思想，朱玉沛没有把握，感到很为难。这时，王杰就主动地从《人民工兵》杂志上给朱玉沛找来资料，还和他一起研究，经过一番努力，教案终于备好了。在教学中王杰还当助手，给大家做示范动作，使同志们很快懂得了科目的做法。

1965年7月14日，朱玉沛听到王杰牺牲的消息后，万分悲痛。他后来在回忆中说："王杰牺牲后，我给他穿衣服。他的两只手，从胳膊肘往下，都炸没了，脸有些发紫，胸部有个拳头大小的洞。他身上的衬衣，只剩下领子和肩膀部分的布片，我用报纸包好拿回了部队。袜子也冲没了，光剩下腰带。王杰牺牲后民兵对他很崇敬，身上崩的王杰的遗骨都想留作纪念，不想让大夫取。县武装部用最好的木头，为王杰做了一个比较大的棺木，准备运往邳县烈士陵园。张楼的老百姓不让运，被救民兵及家属都向领导请求，说：他是俺们的救命恩人，应该葬在张楼，让咱们子孙后代永远吊唁。上级党委同意了群众的请求，将王杰安葬在邳县张楼，并在此修建了王杰纪念馆。"

→ 在宣传王杰的日子里

★ ★ ★ ★ ★

杨维纲

　　1982年，为了加快经济建设，全军裁军100万，济南军区装甲兵机关于当年年底奉命撤销。而在上世纪50年代到70年代初，济装作为王杰生前所在部队的上级领导机关，对于发现、认定、宣传王杰这一重大先进典型，做了大量工作。如今，济装的领导同志都已辞世，就是下面的工作人员也已寥寥无几。我今年已经78岁（2010年），很有必要根据当年的笔记和自己保存的资料，将所知道的情况作一回忆整理。

　　1965年8月上旬，济装党委根据坦克二师党委上报的材料、王杰日记以及调查组的汇报，认定王杰是部队开展学毛著、学雷锋以来涌现出的重大先进典型，确定济装政治部向军区政治部报告，并成立以政治部副主任张俊西同志为首的工作组（当时政治部无主任），调查了解王杰的先进事迹，在所属部队中宣传、学习王杰。济装政治部投入了大批人员，秘书处、文化处从处长到干事、秘书几乎是全力以赴，宣传处、组织处也有不少同志参加工作组（因有些同志在农村参加"四清"）。济装政治部还从下属单位抽调了一些人员充实工作组。1965年9月下旬以后，济南装甲兵政委罗通到徐州直接领导王杰事迹的宣传。

我是8月10号左右接受整理王杰日记这一任务的。马玫处长、王训浦副处长交代：保持原貌，只作文字、标点的更正及用语上调整；要贯彻保密的原则，不宜向外宣传的涉及军事机密的要压缩；对于有负面影响的事例，王杰用以告诫自己接受教训的，要作恰当的处理。我在整理过程中，发现有些日记是王杰抄摘报刊的言论、诗句，用以激励自己，或引起共鸣表达自己感情的，便从军区俱乐部图书室借来1963年至1965年的有关报刊，一共查到出处的有十七篇（当时规定的时间很紧，晚上加班按时完成，也可能还有没查到的）。我当时提出：用以激励自己在日记、笔记中抄摘言论、诗句的现象是比较普遍的，考虑到雷锋日记中错把《唱支山歌给党听》作为雷锋作词谱成歌曲，造成宣传上的被动；王杰抄摘的以不编入王杰日记中为好，即便注明出处编入日记，也会造成喧宾夺主。这一提议得到了张副主任的肯定。

我当时是看过王杰日记原文的，考虑到以后还会有不少人看到这本日记，或是坦克二师的同志看到师里打印的日记与济装日记中的不同处，提出疑问，便将查到的这些诗文的出处列表说明，放在我整理的那本手稿中。又安排从训练团抽调上来帮助打印日记的战士，照我整理过的原样（用红毛笔标明整理处的），给我标了一本自己保存。有我笔迹的那本整理本，打印后一直在济装秘书处保存。在坦克二师建制划归于南京军区时，吴希圃同志告诉我，按上级的指示精神，把那个整理本移交给了坦克二师政治部。如今捐献给金乡县王杰纪念馆的这一本，也就是除师里那本外唯一的一本。

济装政治部将打印的王杰日记下发所属部队开展学习活动并上报军区，一共打印了两次，第一次在 1965 年 8 月底 9 月初，第二次是在《解放军报》整版分 12 个专题发表王杰日记之后，用"☆"号标明是《解放军报》发表过的。同时在徐州又从王杰另两个小本中，发现了少量日记及遗作，我整理后，印成几页一份的两个材料，加在第一次打印本的前后，以后作为第二次打印本日记。王杰 1961 年至 1962 年的日记为什么那么少？我认为主要是从 1963 年全国开展学习雷锋的活动之后，王杰看了报刊上宣传的雷锋日记，从此，便自觉地坚持不懈地写日记，直到 1965 年 7 月。

1965 年 9 月 10 日，张副主任率领济装工作组与坦克二师的同志一起，对王杰的事迹作了采访调查，我们参加了工兵一连忆王杰、学王杰的大型、小型座谈会，听取了工兵科田科长的介绍，参观了他组织的炸药包模拟实爆。立起一条板凳代替操作爆破的人，在拌动拉火管的瞬间，向后拉倒用绳索拴住的板凳；炸药包轰然炸响，板凳安全无损。随后我们在军区和地方一些报刊作了报道。10 月中旬，由解放军报社传来了罗瑞卿总长的指示：要坦克二师汇报王杰四个方面的情况：一是王杰训练民兵时牺牲的具体情况；二是入伍以来的一贯表现；三是这样好的战士为什么没有入党，没有提干；四是有哪些经验教训。师党委召开常委会研究确定汇报内容。通过解放军报社向罗总长汇报是在某军作战室传诵的，有马处长、王处长、韦玉成干事和我四人。一人读稿，一人注视，发现读错读漏的字句，立即更正。作战室的电话无杂音，也不需挂号等待，这边念一句，报社接听的同志再复述一次录音。后来解放军报社的同志说："罗总长看完汇报痛心地说：'形而上学害死人，不是这一个部队的现象。'"

不久，就传来了中央军委的决定：要在全军大张旗鼓地宣传王杰事迹。很快便传来了党中央关于在全军、全党、全国宣传学习王杰的决定，以及总政的通知。罗总长一直关注宣传王杰这件大事。1965年11月2号，解放军报社和谷岩副处长在徐州同我们研究王杰事迹材料时说："王杰事迹有哪些特点；还有哪些不清楚不准确的，罗总长指示要把事实核对清楚。"1966年初，济南军区前卫话剧队带着他们编排的歌颂王杰的四个小剧到北京汇报演出，此时文化大革命已经开始，罗总长已经不能在公开场合露面，但他还安排他办公室的两名工作人员去看演出。

1965年11月6日下午，人民日报文艺部发来加急电报："本报准备对烈士精神作进一步宣传，想请你们帮助本报采写或组织一篇文章，写写张楼人民公社民兵眼中的烈士优秀品质，以及烈士牺牲后民兵是怎样向烈士学习的。用报告文学、通讯、散文的形式写都可以，希望尽快交给我们。"领导让我和团政治处干事佟贺完成。佟贺已去过张楼，我还没有实际感受，办公室便让侦察营派一辆三轮摩托，给我配了一支冲锋枪，连夜赶去。出徐州不久车灯就不亮了，又下着小雨，一百多里路天明才赶到。趁张楼公社武装部通知民兵开座谈会的时间，我先赶到爆炸现场，王杰的墓就在炸点的左后方约200米处。爆炸形成的坑，武装部已经钉了一个木框保护住。我画了草图，听了民兵们在座谈会上的介绍，当天下午赶回。11月8日夜三点多我们完成了稿子，9日一早，领导审阅后，由我们送到徐州火车站，请车站客运室的领导委托进京的快车带到北京站，《人民日报》派人在车站接稿，不久就见了报。

坦克二师古田沃小组主要配合各大新闻单位采写王杰的大通讯，我们几人先是配合前卫报社采写王杰的故事，以后给军区前卫歌舞团包括话剧队挑选参加座谈会的工兵连战士和干部，并参加座谈会，并给几家出版社的编辑提供资料，解答问题。这些记者、编辑都非常敬业，每天加班到深夜零点，少儿出版社的几位女编辑选好一些小故事后，都是用适合少年儿童接受的语言、语气重新改写，写成定稿后还送交部队宣传办公室有关领导审定。

1965 年 10 月下旬，解放军报社要求济装整理过王杰日记、熟悉王杰日记的同志到报社，为他们编选几个专题王杰日记，推荐王杰的单篇日记。领导让我连夜赶去。报社肯定了没有编入摘录他人言论的做法。他们已编好第一组，说是这样整版发表日记还没有过，要我看看已编好的第一个专题还有什么更好的单篇需要补充，并为后几个专题推荐王杰的其他单篇日记，并参加了第一个专题的校对。我是带着大版的校样到军委装甲兵《人民装甲兵》杂志社去校对的。因为有四年在总装政治部参加了"解放军三十年征文"（星火燎原）和装甲兵成长壮大四本书的征文编辑，以后又有三年参加四好连队、五好战士征文创作组及 1964 年《装甲兵比武快报》的采访编辑，比较熟，也方便向济装机关领导电话汇报情况。杂志社的同志见到这么大版的日记校样，很受鼓舞，他们也正在编写宣传王杰的专刊。我很快完成了报社交给的任务，并知道两天后《解放军报》就要见报之后便立即赶回。

二师古光成和其他几个同志为"王杰生前所在部队通讯报道组"，负责写作《王杰赞歌》，由中国青年出版社章学新副主任和资深谢（女）记者具体指导。我们这个组为"王杰生前所在部队业余写作组"，由人民文学出版社编辑赵国青具体指导，不久又增派来现代文学编辑部诗歌组组长张奇，他们都参加了写作。组员有佟贺、徐志强。前卫报社的丛正里同志也写了一章，张奇同志写工兵连架桥，看了架桥的工具后，坚持到现场去增加实际体验。办公室派了一辆摩托，他听说路不很远，坚持步行去体验。负责我们这个组的王训浦处长，一直陪着大家熬夜，谁写好一段他先看，一直到大家去吃夜餐时才去休息。正是这样，这本十二万多字的报告文学仅一个多月就写成，送军区文化部审定后，很快定稿出版。二十万册很快脱销，又增印了二十万册，共四十万册。第二版与第一版相比，有一些修改。当时根据大家的反映意见，又让我去出版社对第十二章补充了一些全国人民学王杰的典型事例以及一些小的修改，并把原标题"接过王杰两支枪"，改为"王杰精神放光辉"。中央人民广播电台对全书作了分段长篇连播，每天中午半小时。

1966 年 3 月《王杰》报告文学第二次印刷之后不久，济装即向军区政治部写报告，成立了《王杰》长篇小说创作组，由五人组成：济装杨维纲（组长）、邓冶平，训练团的班长段剑秋，坦克二师的佟贺、徐志强。先学《欧阳海之歌》，这部长篇小说在全军全国反映很好。同时，致函人民文学

△ 王杰的母亲、弟弟、妹妹在烈士墓前留影

出版社，介绍写作组的情况，希望得到他们的指导，并派编辑参加。不久，人民文学出版社即派来现代文学部的编辑何启治。当时的学习讨论很热烈，江苏省话剧团的编剧杨佑智（他正在编王杰的话剧），经王处长同意，也到我们组来参加讨论，说是很有收获，可以互相启发。

王处长、马处长、宣传处的王伟处长都写了指导意见（有打印稿）。小组在充分学习讨论的基础上，写出了三万多字共分十章的第二个提纲。出版社的领导牛玉华，现代文学编辑室主任王仰晨，以及参加过《王杰》报告文学写作的编辑张奇、赵国青都提出了宝贵意见。小组认真讨论了这些意见，并对提纲进行了修改。

按照原定两个月体验工兵生活的计划，4月中旬大家换上战士着装，打起背包，以写王杰、学王杰的精神下到工兵一连各班。我和人民文学出版社的何启治在王杰班，邓冶平、段剑秋、佟贺、徐志强在其他各班。江苏省话剧团的杨佑智要求一起体验生活，经王处长同意也穿上军装背上背包下到工兵连。从徐州徒步行军千里野营到山东省莒南厉家寨。一路上参加助民劳动，进行工兵布雷、排雷、爆破等基础课目以及强行军、夜行军等训练。徐志强出发不久因胃病发作退出。6月19日在厉家寨结束当兵生活。当时文化大革命已经开始，人民文学出版社来函要求何启治同志暂时退出写作组，回京参加文化部系统的文化大革命。文化部党组有严格要求，只有经党组批准个别有特殊任务的同志才能暂时不参加。杨佑智同志也返回江苏。

写作组其他成员继续按原计划到王杰生前工作生活过的江苏连云港、王杰家乡金乡县、沂蒙山、兖州91医院等地体验生活，搜集素材。

此时，军区政治部派来了文化部创作室副主任张扬来指导写作。他任组长，我为副组长。工兵一连排长辛养法当向导，并沿途介绍王杰生前的情况。大家背上背包，乘火车、汽车及步行到各地，每处大都在一周或半月。

张扬同志来后，根据他的意见，将原提纲从1961年王杰入伍写起，改为从家乡1958年写起，分为九章：张扬分工写一至三章；我写第四章、第九章、第十章；其他同志各写一章。此时，工兵连已到鱼台修房舍、修水渠，到南阳湖北山开山采石，我们又到他们驻地渔村中体验了一段施工生活。回到徐州，写作组坚持住在工兵连的空营房里，搬来几张桌子，要来大灯泡，因为晚上写作容易出成果，规定到零点熄灯休息，就餐就在工兵营的留守灶。当时已到1966年冬天，大家为了增加实际感受，坚持同战士一样，不生火炉取暖，写王杰学王杰。后来晚上手冻得不听使唤，才安了一个火炉，并坚持不烧连队的炊事用煤，而是在白天休息时拾些树枝，晚上十点钟才点火，让屋里暖和一会儿。以后发现营区内有不少锯过的电线杆的木桩埋在地下，休息时把它挖出来劈开，一根木桩就可烧好几天。

1967年初，按计划完成十多万字的压缩本小说写出后，本来原计划是打印出来，选择连队干部、班长与战士，机关干部三个组先后办学习班，根据大家对压缩稿所提意见等，再展开人物、情节及细节，写成二十多万字的书稿。但随着文化大革命的深入，张扬同志奉命回军区文化部参加文化大革命。后又传来原定全军抓的雷锋、王杰等四部小说暂停进行。济装决定暂时停止这项任务，解散写作组。解散之前，我们决定大家再把分工的部分修改一次，抄写一份，由我保存，将来继续写作时再召集大家。大家也非常信任，非常留恋，都认为将来一定会继续完成。文化大革命结束不久，我到北京总装许光达大将传记三人写作组工作时，济南来电话，说是军区文化部要写电影剧本王杰，要借用这个压缩本。我也认为电影的宣传面更广，便让济装宣传处从我家属那里取走了这部稿子。1980年我从北京回到济装后，到军区文化部去要这部稿子，因为经手人更替，再也找不到了，非常可惜！

（注：杨维纲，宣传王杰时为原济南军区装甲兵宣传处干事）

→ 缅怀校友——王杰

☆☆☆☆☆

仇海昕（王杰母校金师附小原副校长）

在蒜乡广袤的土地上

在烈士长眠的羊山脚下

在流水不息的万福河畔

在您曾读过书的金师附小

我们怀着一样的心情

景仰、激动

我们带着一样的缅怀

弘扬、歌颂

共同纪念一位普通而伟大的战士

共同追忆一位校友、一位真正的英雄

46年的沧桑巨变

46年的风雨兼程

您的音容笑貌犹在

您那瞬间的壮烈永恒

多少次我们在您的遗像前驻足

多少次我们在您的故事中遐思

56 年前您走进咱们这所学校

从此开始了您人生的启蒙

同学们说起你

总是充满激动和深情

老师忆起你

总是一脸的幸福、自豪感油然而生

1961 年您响应祖国的召唤

走入绿色的军营

虽然工兵最苦最累

但您却用顽强的意志，苦练过硬本领

荣誉物质上

您从不伸手

危难险重

您不忘军人的本质冲锋在最前头

不曾想到：1965 年 7 月 14 日

一个不平常的日子

在训练中拉火管出现意外

您毅然扑向炸点

12 名民兵得救了

您却献出了年仅 23 岁的生命

您用行动实践了自己的豪迈誓言

您用高尚的情操写就了不朽的诗篇

您是母校的荣耀

您是蒜乡的自豪

您是人民军队的楷模

您是共和国无比的骄傲

您是我们心中永恒的丰碑

您的精神与日月同辉

在宇宙中闪耀

→ 在王杰精神鼓舞下

☆☆☆☆☆

——王杰纪念馆资料收集见闻

　　2010 年，在王杰纪念馆布展工作中，我有幸参与了王杰纪念馆的资料收集工作，先后到常熟、济南、北京、徐州、济宁等地，收集有关王杰的资料达 600 余件。每到一处，人们对英雄王杰的崇敬的情景，至今历历在目，令我十分感动。

　　5 月 15 日我和县文广新局副局长刘广良驱车行程千余里到达江苏省常熟市，找到了当年王杰事迹调查组成员、曾多次参与王杰事迹展览馆的策划、组织和编辑工作的傅庆徐。近十年来他看到有些媒体对王杰形象的不实报道，十分气愤。为维护英雄的形象，凭着对战友高度负责的精神，他或亲自前往，或通过电话，先后与北京、青岛、南京、连云港、徐州、武汉、上海、济南、杭州、无锡、嘉兴、金乡等地老首长、老战友联系，寻访当事人，联络当年历史的见证者。耗费了大量的精力和财力，仅电话费就达一万多元。当听说我们要去收集资料，几天前就给我们联系好了食宿。看到傅老摆满一桌45年来收集王杰的大量资料，我们欣喜若狂。在他家，傅老帮我们整理了400多件有关的图画、照片、文稿等有关王杰的重要材料。整整忙碌了一天，到了晚上，他又来到宾馆，向我们详细谈了有关展馆建设布展的一些建议。直到11点多了，他才拖着疲倦的身躯离开宾馆，75岁高龄的老人，对王杰精神的执著，又一次深深地感染了我们。

6月6日，在傅庆徐的引荐下，我和县委常委、宣传部长王庆峰，县文广新局副局长刘广良、宣传部办公室主任张宝强等一行五人到达济南市军队离退休干部第五休养所，会见了杨维纲副处长，杨老1965年王杰牺牲后参加济南军区装甲兵工作组，分配他做宣传工作一直到1967年4月。听说我们要来，他提前半个月就把五万多字的采访笔记、王杰日记全文整理本（此稿全国共两份，一份交给坦克二师，另一份捐献给金乡王杰纪念馆）、多家出版社出版的王杰的图书、报刊文章，以及其他资料达十一个类别等二十多万字重要文物，分类整理好了，准备全部捐献给金乡王杰纪念馆。五所所长李惠琴及其他领导，听说英雄家乡的人来了，放弃公休时间，像迎接亲人一样，把会议室整理得干干净净。我们张贴了"杨维纲先生捐献王杰资料交接仪式"会标，所长、副所长及各支部书记出席交接仪式。会后，杨老又带我们来到军休四所，见到了当年济装机关王杰事迹报告团成员孙世治、韦玉成两位老同志。听说我们来，他们也是几天前就准备好了资料，早早在四所门口等待我们。那天，恰逢韦玉成老人八十大寿，女儿、女婿多次催促在饭店给他祝寿，他一口回绝，说："我不能去，万一王杰家乡的同志来了，耽误了事怎么办？"就这样，他在家一直等到下午3点多。当二位老人回忆起当年宣讲王杰事迹的时候，又一次激动得热泪盈眶。王部长深受感动地说："二位老同志的回忆很感人，从你们身上可以看到王杰的精神，这是一份巨大的精神财富，我们一定发扬光大。"

6月26日，我又和宣传部长王庆峰、文广新局副局长刘广良赶赴北京，参加金乡"王杰纪念馆筹建工作"赴京汇报会。为开好这次会，傅庆徐同志已于6月24日从常熟提前赶到北京向老首长崔毅中将禀报，并且和总装备部刘德成中校（原国防科工委崔毅副政委的秘书）一起把会议的议程、参加人员、食宿安排妥当，并亲自到机场迎接我们。

上午9时，会议在远望楼宾馆会议室准时举行，当主持人刘广良讲到"今天是6月27日，离王杰牺牲45周年还有17天的时间，王杰的老首长没有忘记，王杰的战友没有忘记，王杰家乡的人民没有忘记……"时，全场响起热烈的掌声。原国防科工委副政委崔毅中将在会上动情地说："王杰家乡的人来了，我表示欢迎，王杰是建国以来一百名感动中国人物之一，这是对王杰精神的肯定，是对英雄王杰的肯定。王杰是金乡人民哺育出的优秀青年，王杰不仅是金乡人民的骄傲，也是解放军的骄傲，你们一定要把王杰精神发扬光大……。"顿时，整个会议室响起雷鸣般的掌声。

总装备部刘德成中校，他不仅把我们的衣食住行安排得井井有条，而且在百忙中为纪念馆大纲提出了改进意见。为了便于我们联系业务收集资料，他专门安排一辆军车为我们服务。每到一处，只要听到是王杰家乡的人，他们处处提供方便。

6月28日上午，我和刘广良来到八一电影制片厂联系查找45年前年拍摄的宣传王杰纪录片，听说我们是来自英雄王杰的故乡，资料室黄玉华主任非常热情，怕我们找不到地方，就派工作人员吴亚丽给我们当向导。资料室魏希华主任跑前跑后，委托工作人员柴曼、张秘同志手摇机器放映片子让我们观看。并说："《一心为革命》转录复制一分钟需要一万元，该片20分钟，价格20万，考虑到你们是革命老区，宣传王杰是教育人的，这是个大好事，经我们报请领导批准，只收取资料成本费2600元。"听到这个消息后，我紧紧地拉住魏主任的手一再说谢谢。

30日下午崔毅副政委在301医院体检住院时又接待了我们，当他听到我们找到了45年前八一电影制片厂拍摄的《一心为革命》大型纪录片时，非常高兴。同时又对王杰纪念馆的筹建作了重要指示，他说："王杰在军队的那段时期正是英雄辈出的时代，对王杰的成长影响很大，这次家乡的人民办王杰纪念馆，你们要把王杰产生的氛围真实完整的刻画出来……。"他真挚的感情，殷切的教诲，使我们难以忘怀。谈话一小时后，我们依依不舍离开了将军。

6月30日晚10时，我们乘坐返程的列车，本想一早到家及时给有关领导汇报，谁知天有不测风云。凌晨3时，列车到达聊城时，因连降暴雨，造成铁路路基松动，列车无法运行。直至中午10时仍无开车迹象，由于饥渴难忍，只好向当地一位朋友求助，转乘汽车回到金乡。

8月12日，在县人武部副部长孙玉琛的带领下，我和北京抗日战争纪念馆有关人员一行四人到徐州王杰生前部队——收集王杰生前的资料及部分工兵装备器材。

那天，天气异常炎热，温度高达39℃，如同一个巨大的蒸笼一般，给我们出行带来很大困难，我们一下汽车，还未进入工作现场，就已汗流浃背。在原"王杰班"班长徐汝明的陪同下，我们来到王杰生前部队招待所。政治部常副主任早就在门口迎接，为了我们这次赴徐，他在半个月前就已安排下属为我们收集了8种地雷。为了满足纪念馆的需求，他又多次与远在蚌埠的某集团军工兵某团联系。原定工兵某团的地雷8月20日才能从蚌埠运到徐州，而我们急需收集地雷搞布展，当时又没有车辆，面对这种情况，孙副部长果断地提出："今天来就是来完成任务的，没有车打的也得去，天再热、路再远这点困难没什么，我去蚌埠，你们在徐州收集王杰生前遗物。"

我们来到王杰生前部队王杰烈士事迹陈列馆，拍摄了许多王杰生前资料，然后又到王杰生前所在连队、"王杰班"采访，搜集王杰生前用过的工兵专用设备器材及有关王杰的历史资料。

经过四个多小时的奔波，孙副部长跟随军械员进入了密不透风的军械仓库。他们打开50多个包装箱，逐个挑选，历时一个小时，共挑选各种不同规格型号的防坦克地雷、绊发雷、松发雷、信号雷等20余种。当军械员和孙副部长提着三袋地雷出现在大家面前时，大家感动极了，他们全身被汗水浸透，湿透的衣服粘贴在他们疲惫的身躯上。

多日的奔波，有苦也有乐。为了王杰精神的发扬光大，虽然苦点、累点，但我们都觉得值！

→ 英雄虽逝 精神永存

★★★★★

在地雷爆炸瞬间，王杰为保卫民兵们的生命扑向地雷，其行为感天动地，任何时代都应该对这个义薄云天的烈士表示尊敬，他是人类崇高精神的化身。

王杰的英模事迹，得到中共中央书记处书记、军委秘书长、总参谋长罗瑞卿大将的高度赞扬，中央决定："要像宣传雷锋一样宣传王杰。"

1965 年 10 月 30 日和 31 日，《解放军报》、《人民日报》和中央人民广播电台分别刊登和广播了王杰日记摘抄。11 月上旬，《人民日报》、《解放军报》连续发表"一不怕苦，二不怕死"等 5 篇社论。新华社记者、《解放军报》记者联合撰写了长篇通讯《革命青春的赞歌》。解放军总政治部、中华全国总工会、共青团中央、全国妇联分别发出通知，号召向王杰同志学习。总政治部在 11 月 6 日的通知中指出：王杰同志是董存瑞、黄继光式的英雄，是雷锋式的伟大共产主

△ 1965年12月17日,济南军区举行"王杰班"命名大会

△ 2009年,王杰被评为"100位新中国成立以来感动中国人物"之一

义战士。一时间,从中央到地方,从城市到农村,全国报纸、电台宣传王杰事迹的文章,铺天盖地,其声势之大,影响之广,可谓家喻户晓,耳熟能详。据不完全统计,仅1965年第四季度,全国各大报刊、电台报道王杰及"两不怕"精神的稿件达到1300多篇(幅)。

周恩来、朱德、董必武、陆定一等国家领导人为王杰题词。同年11月27日,国防部将王杰生前所在班命名为"王杰班"。从此,一个波澜壮阔的学习王杰同志"一不怕苦,二不怕死"革命精神的热潮,在全国迅速开展起来。

四十多年过去了,时代在前进,社会在发展,人们的思想也趋于多元化,但王杰精神依然在中华大地上传颂不衰,依然鼓舞和感动着后来人。"一不怕苦,二不怕死"这句响亮的口号已赋予新的时代精神，成为中华民族永恒的精神支柱。毛泽东、邓小平、江泽民、胡锦涛四代中央领导高度赞扬王杰精神，都对"两不怕"精神，或发表谈话，或作出指示。

2009年，英雄王杰的故乡——金乡县投资2800万元在羊山古镇军事度假区，兴建了占地69亩主体建筑3000平方米的王杰纪念馆。王杰纪念馆馆名由原中共中央政治局委员、中央军委副主席张万年题写。每年数十万计的群众，前来瞻仰、学习英雄的事迹，成为激励后人的教育基地。

2009年，王杰在由中宣部、中组部等11个中央和国家机关、新闻媒体组织的"双百"全民公选活动中，被评为"100位新中国成立以来感动中国人物"之一。

王杰的事迹传播了几十年，感动了几代人，教育了几亿人，王杰"一不怕苦，二不怕死"的精神已经成为中华民族精神宝库的重要组成部分，将世代传承，永放光芒。

附 录

王杰的歌我们唱

王杰为我们树标兵

阎 肃 词
黄 河 丁家岐 曲

1=C 2/4

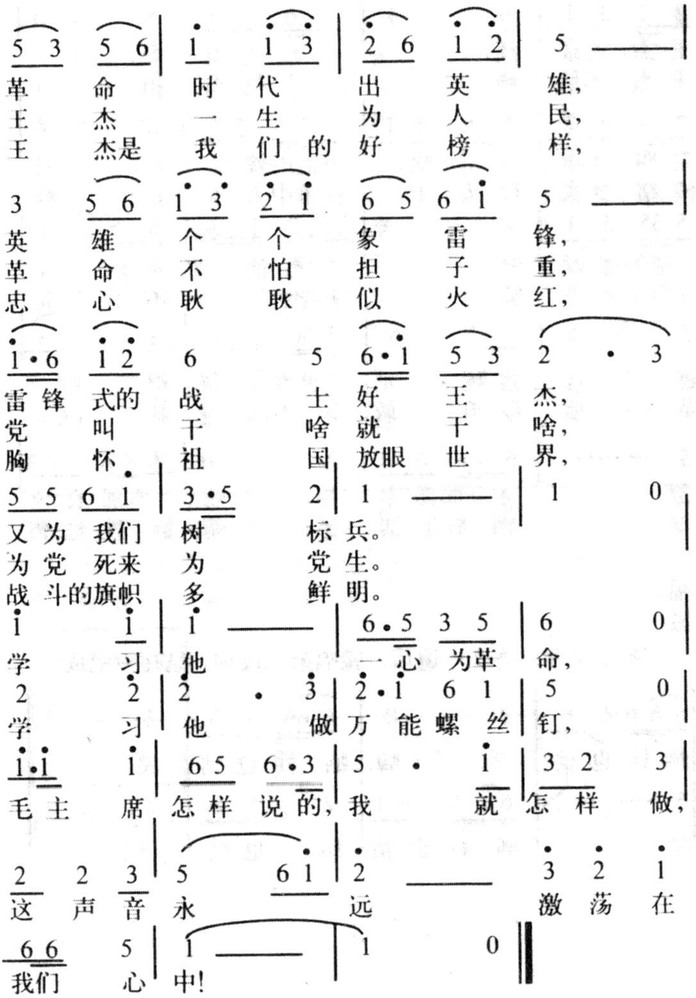

王杰心最红

张 非 词
唐珂 晨耕 曲

1=ᵇA　2/4　（二部轮唱）

坚定 有力地

王 杰 心最 红，　一 心 为 革 命，
王 杰 不怕 难，　敢 于 挑 重 担，

党 叫 干啥 就 干 啥，万能的螺丝 钉，　哎 哎
踏 踏 实实 埋 头 干，斗争中来 考 验，

万能的螺丝 钉，王 杰 他 不 怕 苦
斗争中来 考 验，王 杰 他 不 怕 死

越 苦 他 劲越 足，全世界人 民 得 解 战
革 命 他 最勇 敢，奋 不顾 身 救 战

放，　才有那真幸 福，　嗨！才有那真幸
友，　牺 牲也情 愿，　嗨！牺 牲也情

福。
愿。

唱法说明：齐唱一遍后，轮唱第二段词。结尾对唱成：

牺 牲也情 愿，　嗨 牺 牲也情 愿！
友　牺 牲也情 愿，　也 情 愿！

王杰的枪我们扛

1=F 2/4 　　（队列歌曲）　中央音乐学院作曲系集体　词曲
坚定　有力地

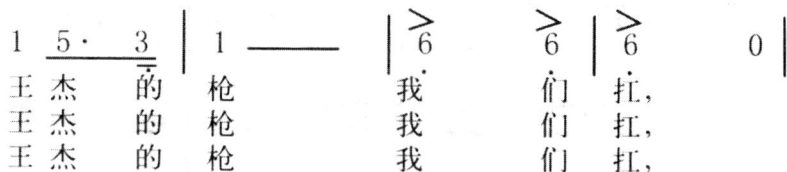

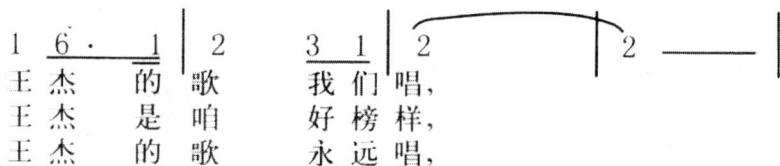

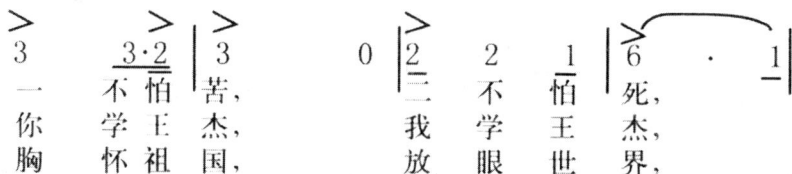

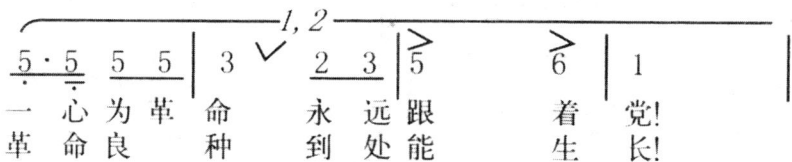

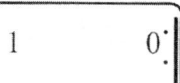

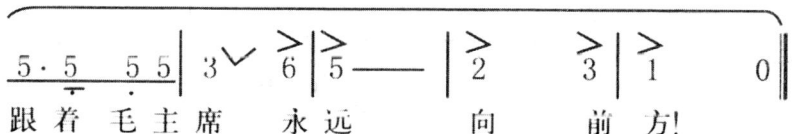

| 1 5· 3 | 1 — | 6 6 | 6 0 |

王　杰　的　枪　　我　们　扛，
王　杰　的　枪　　我　们　扛，
王　杰　的　枪　　我　们　扛，

| 1 6· 1 | 2 3 1 | 2 — | 2 — |

王　杰　的　歌　我　们　唱，
王　杰　是　咱　好　榜　样，
王　杰　的　歌　永　远　唱，

| 3 3·2 | 3 0 2 | 2 1 | 6 · 1 |

一　不　怕　苦，二　不　怕　死，
你　学　王　杰，我　学　王　杰，
胸　怀　祖　国，放　眼　世　界，

1, 2

| 5·5 5 5 | 3 ∨ 2 3 | 5 6 | 1 |

一　心　为　革　命　永　远　跟　着　党！
革　命　良　种　到　处　能　生　长！

| 1 0 |

| 5·5 5 5 | 3 ∨ 6 5 — | 2 3 1 | 0 |

跟　着　毛　主　席　永　远　向　前　方！

革命熔炉火最红

1=⁶C 2/4 1/4   激烈地 J=72

朱　田　程化栋　词
张石露　陶嘉舟　曲

$\underline{1} \cdot \underline{1} \, \underline{1} \quad 1 \mid \widehat{5 \cdot 1} \, \underline{653} \, 5 \mid 2 \cdot 3 \, 5 \mid 6 \quad 656 \parallel$

（渐慢）为　革　命　他　把　毛　主　席　的

$\underline{1} \, \underline{7} \, \underline{6} \, \underline{5} \mid 5 \quad \widehat{6 \, 2} \quad 4 \mid 3 \cdot (2 \, \underline{1 \, 2 \, 3}) \mid 5 \, 3 \, \widehat{5 \, 7} \mid$

教　导　记　在　心；　为　革

$6 \cdot \widehat{7 \, 6} \mid 5 \cdot 6 \, \widehat{7 \, 6 \, 1} \mid 0 \, 653 \, 1 \mid 7 \cdot 2 \, 65 \mid$

命　他　把　党　的　事　业　比　作　泰　山　重。

$5 \, (1 \, \underline{657 \, 6} \mid 5) \, 1 \, 6 \, \widehat{2} \mid \dot{3} \quad \dot{1} \mid \dot{2} \, \dot{3} \cdot \dot{3} \, \dot{2} \, \dot{1} \mid$

　　　为　革　　　命　　他　工　作　不　怕

$7 \, 6 \, 7 \quad 6 \mid 0 \, 5 \, \widehat{6 \, 1} \mid 2 \mid 2 \quad 0 \, 3 \mid$

挑　重　担　为　革　　命　　他

$\dot{2} \cdot \dot{1} \quad \dot{2} \, \dot{3} \, \dot{5} \mid 5 \cdot 3 \quad \dot{2} \, \dot{1} \, \dot{2} \mid 3 \cdot 5 \, \dot{2} \quad \dot{1} \mid \widehat{3535} \, \widehat{7 \, 6} \mid$

学　习　雷锋　愿　做　一个　永　不锈　螺　丝

$5 \, (5) \mid \, {}^{1/4} \, 2 \, 6 \mid \, {}^{(渐加快)} \, \dot{1} \, 0 \, \dot{1} \, \dot{1} \mid$

钉；　　　　为　革　　　命　艰　苦

$6 \mid 5 \, {}_{5/2}3 \mid 5 \, 6 \mid 7 \, \widehat{67} \, \dot{2} \mid \underline{07} \, \widehat{76} \mid \widehat{56} \, \widehat{72} \mid \widehat{65} \mid \widehat{53} \mid$

朴　素　不　忘　本　为　革命，团　结　同　志　象　亲　弟

$5 \mid 3 \, \widehat{26} \mid 1 \mid 03 \, 3 \, 5 \, \widehat{61} \mid 5 \mid \underline{22} \, \dot{1} \, \dot{2} \, {}^{5}\dot{3} \, 3 \mid {}_{2/4} 0 \underline{212} \mid$

兄；　为　革　命　胸　怀　祖　国　放　眼　世　界（稍快）献出

$\dot{3} \, \dot{5} \quad \dot{2} \, \overset{5}{\frown}\dot{3} \mid 5 \cdot 6 \quad 4 \, 3 \mid 2 \cdot 3 \, {}^{慢}\underline{5232} \, 1(\underline{1 \cdot 1 \, 1 \, 1} \, \underline{2132} \mid$

一　颗　　　火　热　的　心。

$\dot{1} \dot{1} \cdot \dot{1} \dot{1} \dot{1} \, \widehat{6576} \mid (\dot{1} \cdot \quad 6 \mid 5 \cdot 653 \quad 2132 \mid 1 \cdot 1 \quad 1 \quad 1)$

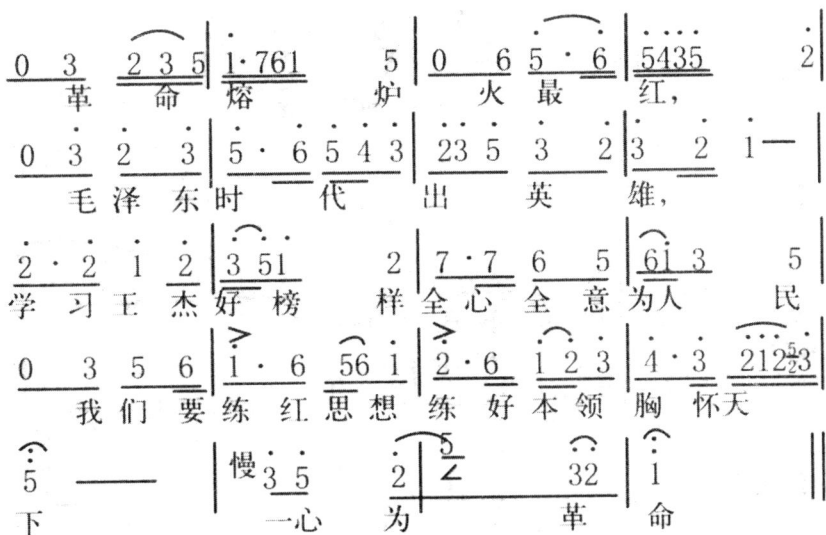

愿把青春献人民

王　杰　遗诗
张式业　曲

1=G　2/4

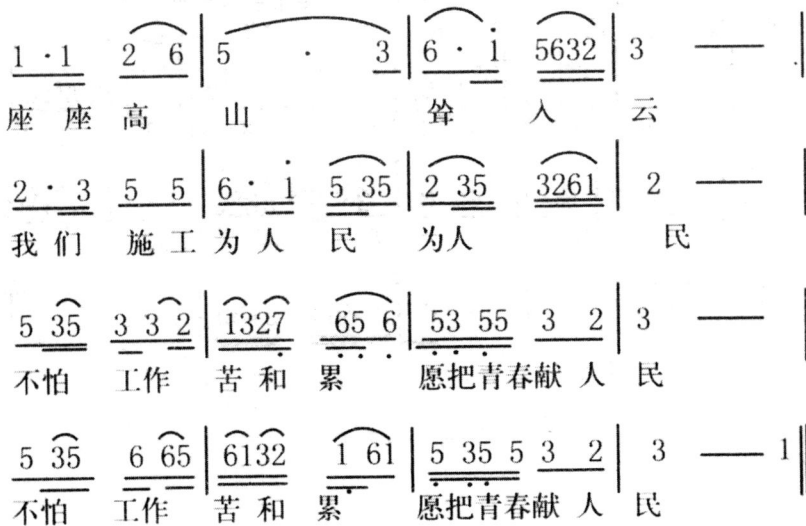

王杰之歌

作词：乔羽

1=G 4/4

```
6.  6635  0 323236 | 1- 00  3 32350 65653 | 3- 00 |
我  的家乡   出了一位英  雄，   不 知你可曾  知道他的姓  名？

3.  2633.  263 | 05 35 3212 62. | 0665656  3
一   不怕苦二  不怕死，  神州    大地    留下了他的美  名

03333.  216 | 5. 33226 | 5- 00 | 1.76 6561.
留下了他  的美  名，            他把活  泼的生命

033.  2161. | 3.  33321 | 3.  33321
留给  了别人，   死 的那样果敢， 死  的那样从容，

6.  56.  16561 | 06531 3.  2155- | i- 135 | 17635.
至 善至  美大智大勇，  以诚以信，身  体力行。 王  杰我那 年轻的战友，

i76 35. | 6.  56 656513 5 0332163 | 7.  7765376
心中的英雄，  我 们呼 唤着你的名 字，  箭步踏 上新    时代的征

5- - - | i- 135 | 17635. | 17635. | 6.  56 656513 5
程，  王 杰我那 年轻的战友， 心中的英雄，  我 们呼 唤着你的名 字，

0553616 | 2- - - | 7.  77653 | i- - - ‖
箭步踏  上  新   时代的征  程。
```

（注：此歌词为乔羽先生专为《王杰离去的岁月》电视剧所作）

王杰年谱

1942 年 10 月，王杰出生于山东省金乡县城北华堌村（今王杰村），乳名芳。

1949 年王杰家在土改中被划为中农成分。

1950 年王杰入小学。

1951 年 6 月 1 日，王杰加入少年先锋队。

1953 年王杰入金乡城关完小读书。

1954 年秋，王杰和同学辛庆文，将捡到的 26 斤粮票、30 元钱交给了学校，受到学校和县里表扬。

1958 年王杰的父母、姐妹、弟弟迁居内蒙古阿荣旗那吉屯，王杰留在伯父王廉堂身边生活、学习。

1958 年 9 月，王杰考入金乡县第一中学。

1960 年，学校号召节约救灾。王杰坚持每天省一个馍票，支援灾区人民。

1961 年 7 月 6 日，王杰参加升学考试。

7 月 14 日，王杰写下了"人一生以服从祖国需要为最快乐。服兵役为第一志愿"。

8 月初，王杰从金乡一中应征入伍，分配在徐州坦克二师工兵营一连。

10 月上旬，王杰向工兵一连团支部递交入团申请书。

1962 年 2 月 5 日，王杰被批准入团。

年终，王杰被评为五好战士，荣立三等功。

1963 年 8 月 19 日，坦克二师接到去天津抗洪的预令，王杰向党支部交了决心书：当兵是为了人民、为党、为祖国而来的，不管干什么工作，党指到哪里就冲向哪里，就是需要献上青春也没有怨言。

8月25日，乘专列奔赴天津灾区。

8月30日，津浦线19号涵洞告急，王杰冒着随时被洪水吞没的危险，为全连引路，抢运木料加固涵洞，使涵洞化险为夷。

年底，王杰被评为五好战士，荣立三等功。

1964年2月23日，在沂蒙山区施工时，王杰写下了"座座高山耸入云，我们施工为人民，不怕工作苦和累，愿把青春献人民"的著名诗句。

4月5日，王杰在熬沥青时，小刘不慎烫伤了王杰的右手。包扎处理后，他用左手坚持工作，并坚持用左手写日记。

8月1日深夜，一场暴风雨袭击工地。王杰只身冲入风雨中，冒着山洪危险抢救施工器材。

11月6日，王杰赴莱阳参加济南军区工程兵司令部组织的"郭兴福教学法"集训。

12月，王杰任工兵一连五班班长。

1965年5月1日，王杰写下了"我们要一不怕苦，二不怕死。做一个大无畏的人"的誓言。

5月25日，王杰到内蒙古阿荣旗那吉屯休探亲假。

6月20日，工兵一连到江苏邳县实施游泳训练。

6月28日，王杰看电影《自有后来人》后写道：只要革命需要，我一定要像李玉和那样，视死如归。

7月2日，王杰任邳县张楼公社民兵地雷班教员。当日民兵地雷班开训。

7月10日，工兵一连上半年初评。

7月13日，王杰写下生前最后一篇日记《加油》。

7月14日7时30分许，王杰组织民兵绊发防步兵应用地雷实爆时，炸药发生意外爆炸，为保护在场的12名民兵和人武干部，他奋不顾身扑向炸点，壮烈牺牲，年仅23岁。

后 记

如泰山般的生命之重

我作为王杰的同学、战友,撰写 100 位新中国成立以来感动中国人物《王杰》一书,深感荣幸和鼓舞,同时感到责任和义务的神圣、重大!

在整个撰写过程中,由于时隔久远,材料流失,加之自己年事已高等原因,给我写作带来了很大困难。多少次,我拖着疲惫的身躯在月光下独步;多少次,我因责任的重大产生过畏难情绪;多少次,我因重回那段峥嵘的岁月而心情十分沉重。每每此时,我总是想到为革命英勇牺牲的英雄王杰,他是我同年入伍的战友!是我小学、中学时期的同学!是我同乡兄弟!宣传王杰精神,再现王杰的人生,是我义不容辞的责任!他那"一不怕苦,二不怕死"的精神,一次次触动了我、教育了我,犹如打了一针强心剂,使我重新振奋精神决心把《王杰》写好,将伟大的共产主义战士——王杰的光辉形象奉献给广大读者,以寄托对战友的哀思和无尽的怀念。

撰写《王杰》的过程中，我参照了原济南军区装甲兵政治部宣传处杨维纲副处长及其战友写的报告文学《王杰》；济南军区《前卫报》记者和通讯员组织采写的《王杰的故事》；2011年出版的《英雄王杰》和金乡王杰纪念馆布展内容；傅庆徐（王杰事迹调查组成员）提供重要资料并给予大力帮助；部队几位将军（曾任王杰生前部队领导）对王杰英雄事迹的审阅、指导；中共金乡县委、金乡一中和我单位金乡供电公司对我的写作给予了全力支持，在此，向他们表示最诚挚的谢意。

王杰虽然离世已近半个世纪，但他伟大的精神和品格却永远流传在亿万人的心中。

谨以此册告慰英雄王杰的在天之灵！

韩义祥

2012年9月于金乡

100位

新中国成立以来感动中国人物 /

丁晓兵　马万水　马永顺　马恒昌　马海德　中国女排五连冠群体

孔祥瑞　　孔繁森　　文花枝　　方永刚　　方红霄　　毛岸英

王　杰　　王　选　　王　瑛　　王乐义　　王有德　　王启民

王进喜　　王顺友　　邓平寿　　邓建军　　邓稼先　　丛　飞

包起帆　　史光柱　　史来贺　　叶　欣　　甘远志　　申纪兰

白芳礼　　任长霞　　刘文学　　刘英俊　　华罗庚　　向秀丽

廷·巴特尔　许振超　　达吾提·阿西木　　邢燕子　　吴大观

吴仁宝　　吴天祥　　吴金印　　吴登云　　宋鱼水　　张　华

张云泉　　张秉贵　　张海迪　　时传祥　　李四光　　李春燕

李桂林和陆建芬夫妇　　李素芝　　李梦桃　　李登海　　杨利伟

杨怀远　　杨根思　　苏　宁　　谷文昌　　邰丽华　　邱少云

邱光华　　邱娥国　　陈景润　　麦贤得　　孟　泰　　孟二冬

林　浩　　林巧稚　　林秀贞　　欧阳海　　罗映珍　　罗健夫

罗盛教　　草原英雄小姐妹　　赵梦桃　　钟南山　　唐山十三农民

容国团　　徐　虎　　秦文贵　　袁隆平　　钱学森　　常香玉

黄继光　　彭加木　　焦裕禄　　蒋筑英　　谢延信　　韩素云

窦铁成　　赖　宁　　雷　锋　　谭　彦　　谭千秋　　谭竹青

樊锦诗

图书在版编目（CIP）数据

王杰 / 韩义祥著. -- 长春：吉林文史出版社，
2012.8（2022.4重印）
（100位新中国成立以来感动中国人物）
ISBN 978-7-5472-1187-8

Ⅰ.①王… Ⅱ.①韩… Ⅲ.①王杰（1942～1965）－
生平事迹－青年读物②王杰（1942～1965）－生平事迹－
少年读物 Ⅳ.①K825.2-49

中国版本图书馆CIP数据核字(2012)第208507号

王 杰

WANGJIE

著/ 韩义祥
选题策划/ 王尔立　责任编辑/ 王尔立 李洁华 任玉茗
装帧设计/ 韩璘
出版发行/ 吉林文史出版社
地址/ 长春市福祉大路5788号　邮编/ 130118
电话/ 0431-81629363　传真/ 0431-86037589
印刷/ 天津海德伟业印务有限公司
版次/ 2012年12月第1版 2022年4月第5次印刷
开本/ 640mm×920mm　1/16
印张/ 10　字数/ 100千
书号/ ISBN 978-7-5472-1187-8
定价/ 29.80元